JN304725

わが信心
わが仏道

西光義敞

法藏館

無二の友・西光義敞兄

元龍谷大学学長　信楽峻麿

釈尊の教説をあつめた『相応部経典』の中に、阿難が、釈尊に向って、「私たちが善き友をもち、それとともにいることは、仏道の半分を成就したにひとしいと思いますが、いかがでしょうか」とたずねたところ、釈尊は、「それはちがう。善き友をもち、それとともにいることは、仏道のすべてである」といわれたと伝えている。私はいま無二の法友、西光義敞兄を失って、この教言をしみじみと思いおこしている。

まことに今日までの私の人生行路、ことに仏道をめぐる学究とその実践については、つねに西光兄と一緒であった。私はこの畏友によって、その仏道をどれほど導かれ、広められ、深められたことであろうか。改めてその学恩の大きさを思い、深甚なる謝意を捧げるところである。

私が西光兄にはじめて出遇《であ》ったのは、もう五十年も昔のことである。私は龍谷大学卒業後、ただちに京都の平安高等学校に奉職し、宗教科と社会科を担当した。その時、西光兄はすでに平安高校の教員だった。当時は病気で休職中であったが、やがて復職した西光兄にはじめて遇《あ》ったわけである。彼は宗教科と英語科を担当していた。同じ宗教科の教員として、さまざまな苦労をともにしたことである。

西光兄との五十年に及ぶ思い出は数多いが、その中でも、ことに忘れがたいことは、ともに教団改革運動に若い情熱を燃やしつづけたことである。このことは西光兄の主導でスタートしたわけである。

昭和四十五年（一九七〇）の冬のある夜おそく、西光兄と某氏が私の家を訪ねてきて、西本願寺教団の現実とその未来をめぐって熱く語り、その改革運動をはじめようということだった。私はすぐに賛意を表した。そしてその趣意書を作成し、同志をつのった。その準備のための紆余曲折の中で、某氏は脱落し、結局は西光氏と私だけとなり、そのほかに集まった同志とともに旗上げをしたわけである。そして十年にわたる改革運動の展開のすえ、同志たちの熱意もさめて次第に足なみがそろわなくなり、また西光兄と、加藤西郷氏と、私だけが残ったのである。そこで改革運動をいちおう終結させ、その後は形態を改めて、その初志を今日まで引きついできた。

昨年の十二月、この三人が集まって、宗教のこと、教団のこと、教学のこと、教育のこと、世界状況のことなど、いろいろと語りあった。そしてこれら三人の竟見、主張を、一冊の本にまとめて残しておこうと話しあって、別れたところである。

露の世とは重々に知りながらも、西光兄がこれほどまでに早く逝くとは思いもしなかった。まことに惜しみてもなお惜しまれる、西光兄との別離である。噫。

IV

畏友・西光義敞兄を想う

元龍谷大学教授　加藤西郷

〝めぐまれたもの
　ひとつひとつをていねいに
で会うひと
　ひとりひとりをたいせつに
ゆっくり味わいかみしめながら
　のこり少ない日々を
　生きていきたい　生きていこう
つのる思いとうらはらに
　うかうか過すはずかしさ
ああ〟

いつだったか定かではありませんが、西光兄からの便りにあった言葉です。この言葉は西光兄の求道の旅がもたらしたものです。そして、西光兄はまさにこの通りに生きた方でした。心おきなく話せるかけがえのない友でした。

＊

もう五十年も前だったでしょうか、西光兄のお誘いで平安高校で開かれた「上田義文先生を囲む会」に参加しました。その後、西光・信楽両兄が先導する「教団改革運動」に情熱を燃やし、「真宗カウンセリング研究会」「聞法の集い」にも参加し、いつも想いを同じくしてきました。

「樹心の会」創設の呼びかけ文を深草の私の研究室で三人で検討し、その発足の会を深草の大会議室で開催できた時の歓び《よろこ》と『親鸞と世界』に託した願いは、今日に至るまで私たちを結んできた絆《きずな》です。

＊

西光兄の学問的関心の拡がりと深まりは、共に学んだギリシャ語やサンスクリット語の学習の頃から今日まで、東西を問わず、いまはトランス・パーソナルとの対話に向けられていた。その探求の姿勢は謙虚で真摯なものでした。若き日に志した「仏教実践学」はすでに確かなものとして準備されていたかと思われます。いま少しの時間が与えられていたらと惜しまれてなりません。西光兄を慕って集まっていた若い方はその志を継承し発展させてほしいと思います。

＊

昨年十二月末、信楽峻麿氏と共に私の家で、三人、久し振りに歓談の時を持ちました。その時、すでに病はどうしようもなく深く進行していたのでしょうか、確かに、ひどく疲れているようには見えましたが、話し声には張りがあり、三人の会話を刻明に記録される様子はいつもと変りなく、三人の意見を一冊の本にまとめようと話して別れたばかりでした。

思えばこの三人の集いを「いますぐ、やりましょう」と決めたのは西光兄でした。別れの時と思い定めていたかのようにさえ思われます。

心おきなく語れる友を失ない、悲しみは深く、想い尽きざるものがあります。

わが信心　わが仏道＊目次

序

I

II

III

わが信心　わが仏道

装幀　上田晃郷

序

私の求道と回心体験

独りの人間として

私は浄土真宗本願寺派の万行寺というお寺の長男に生まれました。生まれたのは大正十四年六月三十日。奈良県の山村の大変貧しい村ですから、とても寺の住職だけでは生活ができませんので、すでに祖父は刑務所の教誨使をしたり、父親は龍谷大学の教師をするという二足鞋《わらじ》を履《は》いているというお寺でありました。私も二足鞋を履いて片や小寺の住職、片や龍谷大学にお勤めしていたのであります。

寺に生まれたものは寺の後を継《つ》ぐ、生まれたものもそのように思っていますし、檀家の人びともそれを暗黙のうちに期待しております。そういう意味では寺の長男に生まれたから私もお寺の後を継いで浄土真宗を継いでいるように見えますが、私の内面から言いますとそれは違うと言いたいのです。というのは寺に生まれたからとか、生まれなかったからということとは関係なしに、私は浄土真宗に遇《あ》うことができたと思っております。

いまたまたま浄土真宗の住職としての職責を与えられておりますので、精一杯やろうと思っておりますが、もし寺を出てゆくとか、出てゆかねばならなくなったとか、あるいは日本に住めずに外国に住むようになったとしても、その新しい環境のなかでどのように浄土真宗のおみのりをいただき、相続し、周《まわ》りの人びとにお取り次ぎすることができるであろうか、このように考えております。ですから万行寺住職の西光義敞でもなければ、元大学教授の西光義敞でもなしに、ただ独りの西光義敞として、人間として、仏法を、浄土真宗のことを考え味わっているということを申し上げたいのであります。

世間は虚仮なり

なぜそのように言うかと申しますと、じつは内面的な意味で仏教に出遇《であ》ったのは龍谷大学の予科、ちょうど歳で言いますと十七、八歳で、戦争もいよいよ末期状態に入った、そういう時代でありました。そのときに歴史の先生の宮崎圓遵先生から「世間《せけん》は虚仮《こけ》なり、唯仏《ただほとけ》のみ是真《これしん》なり」というのが聖徳太子のご持言である、というお話をお聞きしました。「世間虚仮、唯仏是真」、ご持言というのですから聖徳太子はいつも日常の日暮らしのなかで口癖のように「世間は虚仮、ただ仏さんのみ真実である」と、周りの人に仰っしゃっておられたということですね。この言葉を聞いたときに大きな抵抗と疑問が私の心に起こりました。

世間といえば人間世界のことでありますが、人間世界のことはすべて虚仮である、「虚《こ》」はからっぽで中身がない、むなしいということで、「仮《け》」とは仮《かり》のこと、本来のものでないこと、ひとときの間に合わせということ。人間世界のことは、人間の営みというものは、いろいろ大真面目にしているつもりでもすべて虚であり仮である。うつろでむなしく、末《すえ》通《とお》った真実なものは何もない、唯仏のみ真というのは、真実と言えるのは仏さましかないという言葉です。

瞬間、そんな馬鹿な、と思ったのです。逆ではないのか、もしこの言葉が本当だとしたら、大学で学問することも虚仮か。家族愛、親子の愛情、これも虚仮か。恋愛これも虚仮か。いま一生懸命になって戦っている聖戦《せいせん》、この大東亜戦争、これも虚仮か。人間の営む行為は全部虚仮か。このような人生を全面的に否定するような考え方から、いったい何が生まれてくるというのか。

仏というと、私は寺に生まれて仏さまはあるものと決めてかかっている。本堂には仏さまがちゃんと安置してあって、朝な夕なに手を合わせて拝んでいる。しかしあらためて考えてみれば、仏さまこそ虚仮ではないのか、本当の仏さまがあるのかと問いつめたときに、誰があるということを証明できるのか、あることにしてありがたがっているのではないか、手を合わせて仏さまを拝んでいるけれども、あらためて問いつめてみると、私の拝んでいる仏さまは木で人間の形に作って金箔を押してあるだけではないか、あんなものは火をつければ燃えてしまうのではないか、とても仏さまとは思えない。

だから世間こそ真実であって、仏は虚仮なのではないか。むしろそう言ったほうが私にはわかりやすい、仏は仮に人間の作ったもので、本当はないのだと言ったほうが人間にはよくわかる。しかしこの世のことは見るもの聞くもの、やっていること、みんな現実に目で見え触れることができる、また現に体を使ってやっていることだから、これは真実と言わざるをえないのではないか。それを百八十度ひっくり返したような言葉を毎日つぶやいていた聖徳太子の気が知れないと思いました。

しかし、それを聞いてそんな馬鹿なとは思ったのですが、これを一言のもとに否定し去ることもできなかったのにはわけがあります。

つまらない話になりますが、大学の受験勉強をしているとき、国語の参考書の中で「つまらぬと　いうは小さき　智慧袋」という川柳に出くわしたのです。これがなぜか知らないが私の頭に残っていた。そんなことつまらないとか、阿呆らしいとか、一言のもとに相手の言葉を否定してしまう傾向がわれわれにはあるけれども、ちょっと待て、それはつまらないのではなくて、本当は素晴らしいものだけれども、それをつまらないと受けとったり、きめつけてしまうようなこちらの頭や心に問題がある、つまらないと思うのはこちらの智慧袋が小さいということであって、その小さい智慧袋を打ち破って大きな智慧袋に変えることが必要なのであるという、なかなか意味深長な川柳です。それをここへ当てはめてみると、そんな馬鹿なと一言のもとに否定するのではなくて、聖徳太子の仰っしゃった本当の心は何であろう、その意味を深く尋ねることのほうが真っ当ではないかというので、一言のもとに否定するということではなしに、いつも心の中に残っていました。

そのうちに『歎異抄』に出遇いました。『歎異抄』の終わりのほうで、

煩悩具足《ぼんのうぐ　そく》の凡夫《ぼんぶ》、火宅無常《かたくむじょう》の世界は、よろずのこと、みなもつてそらごとたはごと、まことあることなきに、ただ念仏のみぞまことにておわします。

という言葉に出くわしたのです。待てよ、これは聖徳太子の仰っしゃっていることと同じことを親鸞聖人は仰っしゃっているのではないか、「煩悩具足の凡夫、火宅無常の世界は、よろずのこと、みなもつてそらごとたはごと、まことあることなきに、ただ念仏のみぞまことにておわします」というのは、聖徳太子が八字の漢字で表していることを詳《くわ》しく和語で述べられたので、こちらのほうがわかりやすい。

世間虚仮、一口に「世間」と言っておられるその世間を、親鸞聖人は「煩悩具足の凡夫」

と「火宅無常の世界」と二つに分けて説明しておられる。「凡夫」とは私のこと、人間のことですね。この人間は私、それを仏教では凡夫といいます。その凡夫に付けた形容詞は煩悩具足で、煩悩具足の凡夫です。煩悩が欠けめなく具《そな》わっている凡夫、この私。その凡夫の住んでいる世界は「火宅無常の世界」、だから世間と切り離せない人間は、主体の面から煩悩具足の凡夫、その凡夫の住んでいる世界のことを火宅無常の世界と、二つに分けて詳しく説明されているわけです。

われわれ人間のすることはすべて煩悩の仕業《しわざ》で、その凡夫が住んでいる世界は火宅無常の世界である、火宅とは火のついた住宅のことですから、この人間世界というものは、火の手の上がった住宅に住んでいるようなもので、少しも落ちつけない、次から次へと人間を悩ませ苦しめることが起こってくる、それが人間世界である。「ただ念仏のみぞまことにておわします」と、「唯仏是真」の「仏」を、親鸞聖人は「念仏」というように仰っしゃったので、このほうが具体的ですね。そうすると聖徳太子のお心と親鸞聖人のお心とは深いところで一つになっているのであります。

聖徳太子と親鸞聖人

日本の一流の宗教家であった聖徳太子や親鸞聖人が、このように厳《きび》しい、あるいはニヒリスティックなことを仰っしゃるのはどういうことなのであろうか。このようなものの考え方からたくましく生きるとか、前向きに生きるとか、建設的に生きるとか、そういう積極的なものが起こってきようがないではないか、と思うのですがしかし、考えてみれば聖徳太子も親鸞聖人もすばらしい人生を生き抜いて、歴史を変えるほどの輝かしい業績を残されました。

太子はわずか四十九歳で亡くなっておられます。いまから考えれば短命です。十六歳から推古天皇の摂政をなされ、わずか三十年あまりの短い間になさったお仕事というと、摂政という大政治家であり、また大陸の随という大国を相手に「日出ずるところの天子、書を日没するところの天子に致す、恙《つつが》なきや」という堂々たる文書を相手に突きつけて対等外交をされた一流の外交家ですね。皇室で『三経義疏』の講義をなさるという仏教学者でもありました。また法隆寺とか四天王寺などの大寺院も建立された。そしてそれらはいまだに建築史上から見ても、仏教美術的に見ても、当時の文化の粋を集めています。

そういうことから考えますと、建築家でもあり美術家でもあり、さらに見ますと十七条の憲法を作ったり、官位十二階という制度を作ったりして仏教精神にもとづく新しい政治を次から次へと推し進めておられる。ニヒリスティックな投げやりの生き方どころかむしろその逆である。あのご持言から、どうしてこのような政治家としても宗教家としても一流の仕事ができたのでしょうか。

親鸞聖人にしてもそうですね。共産党の林田茂雄氏が獄中で『歎異抄』を読んで『たくましき親鸞』という書物を書きましたが、まことにそのとおり、じつにたくましく生き抜かれたおかただと思います。当時の平均寿命は三十歳か四十歳か知りませんが、そんな時代に苦難に満ちた人生を九十歳の最期まで伝道と著作に精魂を傾けられたという親鸞聖人の生き方は、決してニヒリスティックでも虚無的でも投げやりでもありませんでした。むしろどの祖師がたよりもたくましく現世を生きられたかたであります。

ただ私には、親鸞聖人のたくましい生き方と、『歎異抄』のお言葉がどうもピッタリきませんでしたから、その謎をどのように解くかということが、十七歳か十八歳の時代の私に与えられた、いわば公案《こうあん》だったと思います。それを解きたいという気持ちがたえず私の中にありました。

終戦と父の死

細かいことはいろいろあったのですが、戦争末期ですから大学ではまともな勉強はできませんでした。そして工場に引っ張り出されて、工場労働に携《たずさ》わっていたのですが、そのときの食事ときたらまったくお粗末なものでした。添えられるものは漬物ばかりという生活に耐えておりました。

　ところがあるとき、食堂から工場長のところへ昼食を運ぶ食堂のおっさんに出会った。どうしてそのようなことをしたのか記憶にないのですが、飛び上がって箱の中の料理を見たら、なんと真っ白なご飯と鮭の切り身。このようなものが今時あるのかとびっくりしました。いまの言葉で言いますとこれは差別ではないかと思いました。工場長はいつも朝礼で一心同体になって戦争に勝ち抜こうと訓示しているが、何が一心同体か、いい加減なものだと思う辺りから、人間の世界もいい加減なものだと思うようになって、頭の中には「世間虚仮」の言葉がちらつくようになってきました。

　その工場は当時は弾丸《たま》を作っていましたが、ろくなものができない。機械がでたらめだから良いものができるはずがない。それなのに工場長は皆のお蔭《かげ》で立派な弾丸ができたので、大いに役に立っているという挨拶《あいさつ》をするのです。役に立つはずがない、いい加減なことを言うと、青年の真っ直ぐな心に水を差されるような、しらけた気持ちになることがよくありました。それでも一生懸命になって働きました。

　昭和二十年の六月一日に招集令状が来て私も軍隊に入りました。内地勤務で和歌山の御坊で敗戦を迎えたわけです。お若いかたはとても想像がつかないと思いますが、私たちは聖戦の必勝をかたく信じていました。日本は神国であるから絶対不敗の国である、この戦争は正しい、聖戦である、そのような教育を二十年間受けてきたので、ものの考え方の中心はそれが基本になっていました。

ところがこともあろうに、天皇自身が無条件降伏をしたのです。このような馬鹿なことがありますか、無条件ですよ。神国日本の天皇現人神《あらひとがみ》が、ラジオで放送するということは絶対ありえなかったはずですが、その天皇みずからが無条件降伏したとラジオ放送するのですから、私たちは声を上げて泣きました。

和歌山へ敵軍が上陸してきたら、国民を守るために頑張ってやつらと一騎打ちして死のうとまで戦友どうし抱き合って誓ったのに敗戦になった。神国日本、絶対に正しく絶対不敗のはずの日本の国が、鬼畜米英の前に無条件降伏したことは冷厳な歴史的現実なのです。絶対正しい、絶対ゆるがぬと言えることは人間世界にはないということは真実ではないか。このようなことが起こってたまるか、あってはならないと思うことが起こってくるのが煩悩具足・火宅無常の世界だということの真実性を、説教のレベルでなく、歴史的現実が、私の身を通して教えてくれたのです。

当時私たちは和歌山の御坊から少し離れた中津川小学校にいました。九月に入りましたある夕方、とつぜん「西光二等兵、小使い室に行け」と言われました。当時そこが中隊長の部屋でした。その部屋の戸を開けますと、私の村の青年が二人いるではありませんか。

考えられません。小学校にいるといっても軍隊です。それなのに村の人が二人面会に来ている。「あ、喜作さん、安次さん」と言いますと、二人は私の顔を見るなり、黙ってうつむいてしまったのです。

ぱっと不吉なものが頭の中をよぎりました。直感的に親父が死んだと思いました。二人の坐っている机の前に紙が垂《た》れていて、区長という字が見えた。「あ、区長の名前で私を呼び返しに来たのだな」ととっさに思いました。思わず「父親が？」と申しますと、二人は黙ってうなずいた。そのとき頭を叩かれたように感じました。と申しますのは、確かに敗戦はショックだったけれども、復員後の希望もきざしていたのです。

その一週間ほど前、やがて除隊になるからというので、私の上官の中隊長の荷物を京都の自宅へ運ぶ用を私が仰せつかりました。そのついでに臨時外泊一泊の許可を得て、私も奈良の自宅に立ちより父親に会ってきたばかりでした。復員してきたらこのように学問をしよう、ああもしよう、こうもしようと一晩寝ずに話し合ってきたばかり。その父が死ぬなんてそんな馬鹿なと思いました。でもこれは情では打ち消せぬ現世の事実だったのです。

中隊長は「いったん国に捧げたものを親が死んだからといって取り返しに来るとはけしからん、というのが本当だけれども、今回はいずれ早いか遅いかで復員することになるのだから、少し早いが帰してやるからすぐ荷物をまとめよ」と。それで私だけが異例の一人復員ということになりました。村から迎えに来た青年の後をついて真夜中の道をトボトボ歩いた記憶が鮮明に残っています。満天に星が輝いていましたが、その星の下でお父さんと呼べる人はもういないと思ったとき、涙で足が動きませんでした。

そういうことがありましてから、私は人間の世界において真実というのは何だろう、時代が変わっても場所が変わっても、どのような歩み方をしていても、変わらない真実というのは何だろうか、それをを真っしぐらに求める以外に私に残された人生はないと思い定める心がだんだんと強くなってまいりました。

戻るとちょうど親父の葬式の日。何が何だかわからない感じで葬式を済ませました。

これから行く末を相談する父親もいなくなり、周囲の人たちは親父にならって歴史学をやれとか、これからは真宗学をやれとか、あれこれ助言してくれましたが、私は仏教学をやるしかない、日本の歴史もいい加減なものだ、これから神国日本など皇国史観が通用するはずはないから、歴史研究に情熱を燃やすこともできない。そうすると国境を越えてインドから中国、朝鮮半島を経て、日本の人びとの心を癒《いや》し育んで救いを与えてきた仏教の中に真の救いがあるに違いない、それをはっきりさせるためには仏教を学ぶしかないと思い定めて、迷わずためらわず、龍谷大学の学生に戻ったときに、仏教学を選びました。

大乗仏教研究を志す

仏教学を勉強するということについて、私には戸惑いはありませんでした。仏教の根本を押さえるならば、大乗仏教の研究しかない、大乗仏教をどのように研究するかといえば、誰よりもまずインドの龍樹菩薩《りゅうじゅぼさつ》の仏教だと心にきめました。仏教は日本に来てからは、天台宗、真言宗、禅宗、浄土宗などたくさんの宗派に別れた。けれども、不思議にどの宗派においても、その第一祖は龍樹菩薩から始まっています。だから仏教の本質を押さえようと思ったら、原点に戻る必要があるわけですから、まず八宗の祖師と言われる龍樹の仏教学を勉強しようと、戸惑いはありませんでした。

龍樹には百巻の『大智度論』という膨大な論書のほか、たくさんの著書がありますが、やはり『根本中論』、略して『中論』というのが龍樹菩薩の根本書だとされていますので、これも迷うことなく、よし『中論』を勉強しようと思いました。

ところが、『中論』は偈頌という簡単な形で書かれているのですが、その偈にたくさんの学者が注釈を加えた漢字の釈書が、二、三種類もあるのです。それらを比較するだけでも大変なのに、『中論』にはサンクリットで書かれた注釈書もあることがわかって、サンスクリット語を勉強しようということになった。さらに研究しているうちに『中論』の別の注釈書がチベット語にもあることがわかってきた。ではチベット語の勉強もしなくてはならない。そういうことになって、やる以上は徹底的にしようというので、サンスクリット語とチベット語の勉強に専念するのが私の二十代初期の情熱だったと思います。

ところがテキストがない。どこにあるかというと東北大学か高野山大学か大谷大学か龍谷大学。夏、暑いのに、たとえば高野山大学へ行って、テキストをカーボン紙を敷いて何枚もコピーを取るようにして写しました。自分の分を写すだけではなくて、一部は指導の先生に差し上げる。一部は図書館に納めるということで、テキスト写しから始めました。大変な労力でありました。やっとテキストができて勉強を始めようとすると今度は辞書がない。そのようななかで一生懸命になって勉強して、学部卒業時に、『中論』の二十七章ある中で、「観自性論」一章のコメントが書けただけで、これは大変だなあと思いました。

しかもお寺では、父親がいませんからお寺の仕事もしなくてはならない。そのころ、近鉄で大学まで片道三、四時間かかりました。そのようなことがたたりまして、とうとう二十六歳のときに結核で倒れました。

京都の結核研究所の先生が私のレントゲンの写真を見るなり、安静度一度、食事は枕元まで持ってきてもらいなさい、ものを言ってはなりません、人を呼ぶときには空き缶を叩いて呼びなさい、栄養をつけるために毎食卵を二個ずつ、ほうれん草のおひたし一皿は食べなさいと、非常に厳しい指導で、養生法を言いわたされました。

安静度一度とは最重症結核患者のための最後の安静です。少々体を動かしてもいけないどころか、ものも言うなということです。そのように宣告されたときには、さあこれから頑張ってやろうと思っていた戦後の希望の輝きの星すべてがザーッと音をたてて落ちてしまったように思いました。

敗戦は確かにショックでしたが、皆それぞれにいそいそ立ち上がって、学問する、就職する、結婚するという年頃です。その先頭に立って走り続けたいと思って頑張っているのに、マラソン選手で言いますと、トップランナーがスタートで転んで立ち上がれなくなったようなもの、ちょうどそのような気持ちでした。このような惨《みじ》めなことがあってもよいのかという思いで私は自宅療養をしておりました。

インドの大乗仏教の勉強をしようと志したのはよいけれども、『中論』のほかにこれとならんで大切な『唯識論』というのがあり、このほうも大乗仏教の深い哲学を説いていますす。このようなむずかしい仏教哲学が説かれてくる背景には、それぞれ古代インドの中観唯識観という仏教的な修行体験があるのです。「観」とは簡単に言えば瞑想です。中観という修行の実践または体験にもとづいてそれを論に表したら『中論』になるし、唯識観すなわち瑜伽唯識の瑜伽――いま流行のヨーガです――という行をして一つの深い大乗仏教の体験を得て、その体験を論理化すれば『唯識論』になるわけです。

ところが大学で行っている仏教研究は観や行という実践はやらず、「論」を中心に「色即是空」だとか、空とか無とか、識だとか境だとか、非常に抽象的なことを理論的に研究しているだけなのですね。理論的な勉強をすることが好きな者にとっては面白い学問でしょう。

またサンスクリット語やパーリ語やチベット語を研究するのも、語学に秀《ひい》でた人や語学に関心をもつ者には面白いでしょうが、理論的な思索力もなければ語学の勉強をする時間のない私には、だんだん苦痛と焦《あせ》りが出てまいりました。ひたすら「真実は何か」を求める私の願いはいつになったら満たされるのか、という思いが私にとっては大きな悩みとなってきました。

仏教学への疑問

そのような悩みが深まるなかで思い出しましたのは、トルストイの人生論の中にある次のような話であります。

大変おいしい粉を作る粉屋さんがいた。水車を使って粉を作るのですが、粉の評判がとても良い。思わねばよいのに、俺の作る粉はどうしてこのように評判が良いのだろうと考えた。それは製粉機がちょうど良い加減に搗《つ》くからである。ではどうしてちょうど良い程度に搗くのだろうかと考えたら、それは水車がちょうど良い具合に回っているからだ。どうしてそのようにうまく回っているかというと、川の流れと水車の回転の関係が良いからだと。では川の流れがどのような早さだから、このように搗き具合が良いのだろうということになって、その粉屋さんは明けても暮れても、川の水速を測るのに没頭した。そうこうしているうちに水車が止まって、おいしい粉が作れなくなったという話であります。

真実を知るためには仏教、大乗仏教の教学を知らねばならない。大乗仏教の本質に迫ろうと思えば、なんといっても八宗の祖師、龍樹である。龍樹もたくさん書物を書いているけれども、まず『根本中論』である。『根本中論』をやるには漢詩だけではなくサンスクリットからチベット訳までやらねばならない。そのためには語学力をつけねばならないしテキストも作らねばならないというので、テキストを写したり語学の勉強をしているうちに、私の真理追究はどこかへ行ってしまいました。

そういうあいだにももちろん、浄土真宗の流れにあるものですから私もそれなりに浄土真宗の書物を読んだり聴聞をしたりして、私は私なりにお念仏の慶《よろこ》びをもっていたはずです。話を絞りますと『中論』とか大乗仏教の教学を学ぶということになると、どうしても理論的になる。実感として真実は何かということになると、やはり浄土真宗のおみのりを聞かせていただくよりほかにないという、二刀流のような求め方になっていたわけですね。

研究のほうから申しますと龍谷大学の学部が終わって研究科、いまの大学院ですが、あのころはのんびりした時代でして、就職して学校の先生をしながら研究科へ行くこともできたので、そのためにもいちばん大学に近い学校の平安学園、そこへ就職させてもらいました。「頼みます」といえば就職できた時代ですから結構な時代であったと思います。そこで先生をしながら大学院に通い、一応研究科は終わったわけですが、そのころから言語学的研究とか、論理的追求とか、そういうことばかりやっていては自分の実存的な飢えといいますか、宗教的要求は満たされないと思いました。

いまにして思えばそのころから、もっと生活実感としての仏教体験を明らかにする方法を求めて、英語ばかりでなくフランス語なども勉強しながら、宗教心理学や臨床心理学というようなものにまで手を伸ばし始めたのです。宗教心をもっと明らかにしようと思ったら、宗教哲学でもなければ、宗教社会学でもない、宗教心理学だろうと思って、勉強してみたわけです。

ところが英米の宗教心理学の本を見ますとどのような研究結果が出ているかというと、たとえば青年や宗教心のある人に宗教心に関する質問紙を配ってその回答を集めて整理したような本が多いのです。しかもその宗教心というのはキリスト教的な信仰が多いわけですから、このような勉強をしていても仏教の心が明らかになるわけはない。

またたとえばフランスの宗教心理学を勉強しますと、要するところ宗教心理というのは病理だというのです。宗教心理は異常な心であって、それは病理現象であると、病理に還元してしまうのです。精神分析的研究にしても、宗教意識も病的な無意識に還元されてしまい、要するところ異常心理なのです。かれらの説によると、お釈迦さまでも、大乗仏教の精神でも、日本の禅の悟りにしても、親鸞聖人・法然上人の信心にしても、みな病理現象ということになってしまう。西洋人はぜんぜん仏教の心がわかっていない、これではダメだと、次第に興冷めていきました。

それでは神秘主義の研究をしてみようというので、そちらにも関心を広げてみました。それでは仏教は神秘主義だろうか、よく似ているようだが違う。仏教で言う悟りの智慧や不可思議は、閉ざされた神秘の世界ではなく、公開された明朗な世界である。どうもこれまでの学問の方法では仏教の心というものは少しも解明されていかない、どうしたらよいのか。

現在の大学でやっている仏教学の研究を見ても、そういう角度から研究した学問はほとんどありません。いまだにないと言ってもよいと思います。私の父親が龍谷大学の教授だったので、私も早くから学者になりたいと思っていましたから、周囲の人たちも私は龍谷大学に戻って仏教学者になると思っていた。けれども私の心の中では、とても私の求める仏教学は大学では得られないと思っていました。それで学者になるのはハッキリと諦《あきら》め、在野で私なりの仏教研究の道を歩むことにしたのです。ところがまったく思いがけない大変なことが起こったのです。

結核と『仏敵』との出会い

私が結核にかかり安静度第一度の安静療法を強いられるようになってから、本も読むなと言われていました。ある日のこと、寺の住職ばかり集まる会合がありまして、私が行けないので弟が代わりに行ってくれて、私の枕もとで会議の内容を報告してくれました。その弟が会議の資料と薄い本を一冊置いていったので、その本を見ますと、その本はいまは手に入らないでしょうが『信心群像』という本だったのです。昭和二十年代中ごろですから、お粗末な紙の厚さ一センチくらいの薄い本です。繰って見ると、信心を慶ぶ人たちの実に生き生きとした体験を集めた本でした。

どのようにしてお念仏を慶ぶようになったかという体験談が語られているが、不思議にも多くの人が伊藤康善《いとうこうぜん》師の『仏敵《ぶつてき》』（二〇〇三年、春秋社より復刊）を読んでからと仰っしゃっている。『仏敵』を読んで、いままで聴聞の仕方を誤っていた、仏法を習慣的惰性でしか聞いていなかったと驚きが本当に立つようになった、それから懸命に聞法に励むようになったと、書いておられる。

『仏敵』、変わった書名だと思ったときに、はて、どこかで聞いた憶《おぼ》えがあるぞ、あ、思い出した。それは昭和二十年の初めのことです。父親が大学にいましたから、いよいよ戦争も激しくなって学徒出陣でほとんどの学生は出払ってしまい、大学が閉鎖されることになりました。それで京都の自宅を引き払って山奥の寺へ帰るとき、たくさんあった書物を処分した。私が手伝って持ち帰るか処分するかの振り分けを父と共にしていたとき、確かに『仏敵』という本を手にした憶えがある。この本はどうするかと聞いたときに、それは要らないということでしたが、この本は面白そうだと思って持ち帰るほうに確かに入れた憶えがある、だからこの家のどこかにあるはずだと、家族のいない間に古本の中を探したら、あったあった。

そのような出会いで読むのですから、体に染み入るように入ってくる。伊藤康善、このかたはかつて龍谷大学教授をしておられた高千穂徹乗先生と同じくらいの年齢で、すでにお亡くなりになりました。すぐれた文学的才能をおもちのかたで、自分の青春時代の求道の体験記録を小説風に綴っておられる。「仏敵」というのは、私の中に仏敵が住んでいるということです。伊藤康善師は真宗の信体験もはっきりしているうえに宗学もやったかたですから、真宗学者としても一流の人だと思います。伊藤康善という先生は興正派のかたなので、体験も学問も兼ねそなえたすばらしいかたであるのに、本願寺派にも大谷派にもあまり知られずに終わっています。

もう一つ注目すべきことは、このかたは二十歳代で『真宗安心調べ』という本を出しています。これは当時真宗界の一流の方々を次々取り上げて、格好いいけど不徹底だとか、この辺はおかしいとか、またこれはいまどうなっているのか等々、おもしろおかしく、しかもポイントを押さえて批判したユニークな本なのです。さっと追って、すっと引いていくあたり絶妙です。非常にユーモラスな文体で、しかも要《かなめ》のところは外していない。いま読んでもこのような文章を二十代三十代の人が書けるだろうかと感心するような鋭い切り口で書いておられる。

この『安心調べ』を書いたために、伊藤先生はずいぶんあちらこちらからにらまれたようです。定評ある真宗界の著名人を若僧が評論したからでしょうが、大正デモクラシーの影響を受けた人で、筆がのびのびしています。このようなかたが昭和期の初めにいたということを、私はもっと重視したいと思っています。

とにかく人の真宗理解を論評批判するだけではなく、その根拠になっている自分の聞法求道、獲信体験を告白物語風に書いたのが『仏敵』なのです。伊藤先生を入信に導いたのは、宗学研究もさることながら、在家の篤信者たちであることに心ひかれるものがあります。
一般に真宗の学習を教養レベルの勉強から入っていくと、だんだん頭でっかちになっていく傾向があります。実感から遠いところで二種深信とか、自力他力はどうだとか、論理を観念的にこねまわす学者になりかねない。だから、理屈はさておいて「あなたの領解《りょうげ》はどうか」と問われたら、黙り込んでしまう。真宗においては学問も大事だけれども、学問だけでは、他力回向の信心を各人が正しくいただくことに焦点を絞っていくようにはなりにくい。だから大学の仏教研究には問題があると私には思えますが、それは余計なことですね。

それはさておいて、習慣的、惰性的、自己満足的な信仰に安住していた浄土真宗のかたで、『仏敵』を読んでこれではダメだと求め直し、聞き直したという人は多いようです。私の場合もこの本を読んでいるうちに、次第に胸騒ぎがしてまいりました。普通の信仰の書というのは、読んでいるうちに、良いことが書いてある、ありがたい言葉が書いてある、このような言葉は好きだなと、読めば読むほど心の滋養になる、そういう感じでしょう。つまり自分の心に副《そ》うものは、ああこれは面白い、ありがたいと受け取るという感じで、「ありがたや」を育てる本が多いと思うのです。

でもこの本は違った。それは自分のもっているもの、慶《よろこ》んでいるもの、そういうものを次から次へもぎ取っていくような気持ちの悪い本だったのです。

何でもない在家のお婆ちゃんが、「あんたの心の中には説教師が住んでいませんか。それでこれでよろしいでしょうか、それで良い、それで良い、という対話をくり返していませんか。これで私の信心は良いのでしょうか、否、そのまま、そのまま、それがお他力だよ、というような問答を心の中でくり返していませんか。そのような信仰は浄土真宗の信心でも何でもない、それを自力というのだ」と語る場面が出てきます。

いままでの「慶んでいます」というのはどのように慶んでいたのかと、自分を問い直さずにはおられなくなったのです。決定的だったのは、在家のお婆さんが伊藤康善先生にちらっと言われたという言葉でした。ある布教使が高座に登るなり、「余計なことは言わない、当流には捨てものと、拾いものがある、これがわからなかったら、千座万座お説教を聞いてもダメ」と言って高座を下りたというのです。昔はそのようなすごい布教使がいたのです。

この言葉が私にも突き刺さりました。「捨てものと拾いものとは、どういうことか」と自問してもさっぱり答えが出ないんです。曲がりなりにも大乗仏教の研究を数年間やってきたその知識を総動員し、いままで聞いてきた浄土真宗のみ教えを総動員して自分の心の中を叩いてみても、何が捨てものやら何が拾いものやら、かいもくわからない。この要の一点がわからなかったら、浄土真宗がわかったことにならない。

私の回心体験

私は浄土真宗も仏教も、体験的にといいますか、この身に何もわかっていなかったのだと気づいたとたん、結核で満天の星が落ちたとき以上の絶望体験、暗黒の闇の古井戸に落ちこむような思いがしました。ここのところは私はあまり言葉にしたくないんですが、分別のレベルを超えて、私の体そのものが全部真っ黒になってしまった。けれども一瞬、「地獄は一定すみかぞかし」という『歎異抄』の言葉が頭に閃《ひらめ》くとともに、自分ではどうしてみようもない、暗黒の身になった。それと、光が差し込むのと一つでありました。そういう求めても考えてもみなかった世界が私に開けてきた。これが私の人生に決定的な影響を与えたというように私は思います。

それが何であったのか、それは一時の精神の異常現象であると人はとるかも知れないし、神秘的・霊感的な心理的体験だと言うかもしれません。が、そう理解されることが私には嫌《いや》なんです。それは私にとっては決定的に大事なことと思うのですが、私はこのような体験をしたということはあまり言いたくないのです。本願寺派ではとくにそういうことに警戒的なので、口にしません。それは私には非常によくわかるのです。私がこのように体験したとか、このような体験を慶ぶとか慶ばないとか、そのようなところで自慢したり誇ったり議論するというような心理的次元を、お念仏の信心は超えているからです。しかし私自身にとっては、このことがなかったら私は浄土真宗に遇い得なかったのではないかと思うくらいに、大事なことなのです。

そこから開けてくる世界は、私にとっては大事というのか、不思議というのか、たとえばいままでわからなかったお聖教の言葉が本当によくわかるようになりました。みなさんにはあまりなじみはないかも知れませんが、蓮如上人の『御文章』の初めのほうにある、

うれしさを昔はそでにつつみけり　今宵は身にも余《あま》りぬるかな

というあの歌が、わがことのようによくわかります。「嬉しさをそでに包む」というのは、浄土真宗のおみのりを聞いて、確かに慶んではいるのだけれども、何が雑行《ぞうぎょう》自力で、何が正行他力であるか、正雑《しょうぞう》の分別廃立《はいりゅう》がつかないままに、ごちゃごちゃにして慶んでいた段階の心境をたとえています。

「今宵は身にも余る」というのは自力・他力がハッキリとしたということです。正雑の廃立がハッキリした他力の念仏が初めていただけたときのうれしさは、まさに「今宵は身にも余りぬるかな」という感じで、体を超えあふれてゆく感じです。この実感は「そでに包む」という表現になる感じとは質が違うと思うのです。

親鸞聖人のご和讃を見ましても、たとえば「功徳は十方にみちたまふ」というのは、個人的な身を超えてゆくような、外に向かって広がり満ちあふれていくような、そういう大らかな体験だと味わえます。体験は人間のもつ体験だとすると、人間を超えてゆくような心境を表現するのに、体験という言葉はある意味では誤解を招くかも知れません。だからできたら使いたくない。目覚《めざ》め・自覚《じかく》という言葉を使われるかたもあり、そのほうが良いと思いますが、下手《へた》をすると今度はそれは自力だということになる。

言葉の世界で明らかにすることはむずかしいのですが、つまり自分を超えた、自分の中をどのように探してみてもない大きな力が具体的に私を通して現れてくる世界がある。それが他力回向のご本願で、浄土真宗の本意はそこにあります。

人間として人間世界を生きてゆく、つまり、煩悩具足の凡夫が火宅無常の世界を生きてゆく、これが人生です。その人生途上において自分で懸命に頑張ったり、自己決断したり、あるいは人のお世話になって、もちつもたれつゆくなど、いろんな経験があります。どうも仏教の自力他力というのも、そういう人生経験のレベルで考えられがちです。自力とか他力とか、自力がよいとかダメだとか、もちつもたれつ、生かされて生きるのがお他力だとか、いろいろな言われ方をしていますが、そのようないろんな議論はみな人間世界を超える、一口で言えば「超」というか、そこのところがはっきりしていないのではないでしょうか。そのように私は思います。

けれども、お釈迦さまも大乗仏教の祖師がたも法然上人も親鸞聖人も、いのちをかけて明らかにしようとされたのは、人間を超えた世界に私たちを導こうとされているということです。そのいちばん要《かなめ》のところを甘くしてわからせようとしますから、どうしても解説すると俗耳《ぞくじ》に入りやすい平板な仏教の説明になってしまいます。だから非常に甘い仏教理解になってしまっている、そういうことを感じます。

それから「超越」の反対用語は「内在」ですが、こちらのほうがわかりやすい。たとえば若い人に神さんや仏さんはどこにいるかと尋ねたら、私を超えていらっしゃるというのか、私を超えた神さんや仏さんは信じられませんと言う。どのような神や仏なら信じられるのかと問うと、私の心の中に内在するもの、と答える人が多くなっています。ですから仏も内在的に説明したらわかりやすい時代になってきているのではないでしょうか。

けれども内在と超越は大変な問題であります。「南無阿弥陀仏」という礼拝の対象を目の前に掲げて、手を合わせて拝むということは、拝む私がこちらにいて、信心や礼拝の対象になる仏さまが私を超えて向こうにいらっしゃるという超越感覚から来ているのでしょう。

仏は単に内在的ではない。かといって私を超えているのが仏さま、仏さまは超越のかたなのだと言ってしまったら、それはまた間違いです。そのような仏さまだったら別に仏法の話を聞かなくても、浄土真宗の教えを聞かなくてもいいわけです。日本の他の宗教の神でも、キリスト教の神であっても人間を超えています。それでは神も仏も一緒くたになってしまいます。だからとてもむずかしいわけです。

では内在かといえばそうではない。だから弥陀の本願を信受する真宗の回向信をこのように言葉の世界で表そうとすると、内在であって超越、超越であって内在、このように非常に矛盾した表現を取らざるをえない。そういうことを論理の上でもはっきりさせるとともにそれにとどまらず、体験の上でもはっきりさせていくことが、きわめて大切な時代になってきていると思うのです。

そのようなわけで私は、浄土真宗の布教論のようになりますが、なんとかして法然上人や親鸞聖人が明らかにしてくださった浄土真宗の真実の世界を共に分かち合いたい、そのところをはっきりとさせたいと、その方法を明けても暮れても考えているのです。

I

焼いてもなくならない宝

私は六月三十日の誕生日を越しますと、昭和の年号と同じ年でありますので、昭和の時代の空気をはじめからたっぷり吸って今日まで生きてきたことになります。物心がついてからでもいろいろなことがありました。

「大日本帝国」の発展と戦争のなかで青少年時代を過ごし、二十歳で敗戦を経験いたしました。戦後の混乱から復興への二十歳代、高度経済成長の三十歳代、四十歳代、めざましい経済の発展に驚き、感心し、豊かな商品に取りかこまれて便利な生活を楽しんでいた五十歳代。そして、その裏側で核戦争の危機、大地や空気の汚染、あるいは高齢化に伴う老後の不安、さらにはいのちを脅《おびや》かし、生きてゆく不安をかき立てるような、おそらくご先祖がたが経験したことのないようなむずかしい問題が、いよいよあらわになってきた六十歳代の今日。振り返って見れば、まさに激動の時代を生きてきたという感を深くしております。

個人的にもいろいろなことがありました。小さいころはけんかもしましたし、いじめにも会いました。二十歳のときに父を亡くしてしまったことをはじめとしまして、親しい人と死別する悲嘆も多く体験してまいりました。仕事の喜びも就職の不安も、人と人との出会いの不思議さも、人間関係のむずかしさも私は私なりにたっぷり味わってきたように思います。

そんなわけで、さまざまな経験をしながら、いろんな時期を過ごして今日にいたりましたが、私の一生における最大の出来事といえば、「南無阿弥陀仏」という大きな宝物をいただいたことです。言葉を換えて申しますと、お念仏が私の信心となって私の中に生き、私を生かしてくださっていることであります。念仏の信心は、いつまでも変わることなく、しかも生活の苦楽を常に新鮮な喜びに変えてくださいます。みなさんもご承知かと思いますが、蓮如上人は、

物にあくことはあれども、仏に成ることと阿弥陀の御恩を喜ぶとは、あきたることはなし。焼くとも失《う》せもせぬ重宝《ちょうほう》は、南無阿弥陀仏なり。（「蓮如上人御一代記聞書」一三三一『浄土真宗聖典』一三〇七頁）

と、仰せられました。火にも焼けず、失せることもない重宝な宝は、「南無阿弥陀仏」で

あるとの仰せを、わがこととして深いうなずきをもっていただけることをこの上もなくありがたく思います。

このお宝は私がつくった宝ではありませんから、私はこれを自分のものとして人に自慢することはできません。私のためにつくって、私にお与えくださった仏さま、阿弥陀さまのご苦労とお慈悲にたいしまして、「ありがとうございます。ナマンダブツ、ナマンダブツ」と感謝し、お礼申しあげるほかはありません。

また、「南無阿弥陀仏」という、火にも焼けず、盗《と》られることも失《な》くなることもない貴重な宝は、私だけがいただいているわけでもありません。私もあなたも、誰でもかれでも漏《も》れなく平等にいただいている宝ですから、「よかったね、いいものをいただいたね」と誰とでも、いつでも喜びあえる宝だと思います。

ひるがえって考えてみますと、私ども人間世界で一般に考えられている財宝というのは、誰もが平等に持っているというのではなく、大変な片寄りがあります。

みんな、人よりも沢山お金や物を持とうとして、あくせく働いているというところがありますし、また、人が持っていないような財宝を持っていることで、優越感を感じたり、人を思うように支配したりすることに快感を味わおうとするようなところが確かにあります。逆に申しますと、お金持ちや、立派な地位や身分の人の、幸福そうな様子を見たり、話を聞いたりしますとき、純粋な気持ちで祝福を感じることは、きわめてむずかしいものです。心の中で、妬《ねた》みを感じることもままあります。

それにたいしまして、「南無阿弥陀仏」は、火に焼けることも失せることもないばかりでなく、みんなが喜びあい分かちあうことによって、ますます慶びが深まってゆくお宝であります。「南無阿弥陀仏」は、火にも焼けない、うばわれもしない、決してなくなることのないお宝でありますから、私たち人間が本当に求め求めてやまない財宝だということが言えましょう。しかも、それが誰にでも平等に与えられているわけですから、みんな「ナマンダブツ、ナマンダブツ」と喜びを分かちあいながら、睦《むつ》まじく生きていくことができるのであります。

けれども、いただいているお宝も、いただいていることに気づかせていただかなければ、いただいていない、持っていないことに等しいということになります。そこが問題だと思います。「南無阿弥陀仏と称《とな》えておくれ」、それが仏さまの願い。その「南無阿弥陀仏」を称えさせていただいておりながら、仏さまのお心が信じられない。「南無阿弥陀仏」と生きた仏さまにお遇《あ》いしながら、仏さまの仰せに従わず、仏さまを殺してしまう恐ろしい心があるからであります。

仏さまの仰せというのは、かいつまんで申しますと、私に向かって「死ぬぞ、落ちるぞ、南無阿弥陀仏と我れを頼んで助かっておくれ」という三つの仰せであります、「死ぬぞ」と仰せられますのは、「人間は必ず死ぬ」ということであります。しかも人ごとではない、「私も死ぬぞ」ということであります。しかも、「今夜も知れないいのちであるぞ、無常の風はいつも吹いているぞ」ということであります。

さらに、仏さまが「死ぬぞ」と私に呼びかけていてくださるのは、「死んだらしまいではないぞ」ということであります。「いままで生きるためにつくってきた罪と悪は、全部背負っていかなければならないぞ、責任は自分でとらなければならないぞ」、そこのところを指して仏さまは、「落ちるぞ」と叫んでいてくださるのであります。仏さまは「自分の力では助かりようがないぞ」と叫んでいてくださるのであります。「南無阿弥陀仏と我を頼め。自力の心、疑いの心を一切捨てて南無阿弥陀仏と私を頼んでおくれ。私の力にすべてをまかせておくれ」と、それが如来さまの切なる仰せであります。

その仰せの通りに、「南無阿弥陀仏」と頼む身にしていただくことが「南無阿弥陀仏」のお宝を信心として私の身にいただくことであります。

いま、西本願寺では、「ビハーラ活動」に本格的に取り組もうとしております。「ビハーラ活動」とは、死を前にした人にたいしまして、本当の心の安らぎが得られるようにお世話をすることであります。お医者さまや看護師さんやソーシャルワーカー、そういう専門の方々と協力しあって、死を前にした人びとの心が本当に安らぐようにお世話をすることを「ビハーラ活動」と申していいかと思います。

けれども、親鸞聖人のお流れを汲ましていただいている私たちのお味わいから申しますと、私たち一人ひとりが死に行く人であります。お医者さまに死を宣告された人だけが、死に行く人、瀕死《ひんし》の人ではありません。

私たち一人ひとりが無常の嵐の中に生きているわけですから、私たち一人ひとりが平生《へいぜい》の時に、仏さまのみ教えを、仏さまの仰せを真に受けて、身も心も南無阿弥陀仏にしていただくこと、南無阿弥陀仏の信心を得させていただくということが、たとえての言い方でありますが、火にも焼けない、水にも流れない、誰にも奪われることのないお宝をいただくということであります。生き死にを超えた、ほんとうの心の安らぎは、このお宝をいただくこと以外にはありません。

私は、浄土真宗のお流れを汲ませていただいて、親鸞聖人のお導きによって、南無阿弥陀仏を私の信心として授《さず》けていただいた、この喜びだけが六十数年を生きてきて、かき消すことのできない大きな喜びであります。この喜びを、元気な人にも死を前にした人にも、共々に分かちあう生活に、残されたいのちを捧げてまいりたいと念じている次第であります。

地球上たったひとりの仏教徒

なんとなく体の調子が悪い。けれどもどこがどう悪いのかがわからない。なんとなく不快な気持ちで日々を過ごしている。そうこうしているうちに、たまたま専門医にかかって治療してもらったら、すっかり体調も気分もよくなって生き生きと生活できるようになった。「いまから思うと、よくもあんな不調な生活のままで長いあいだ辛抱していたもんだ」とあきれたり、「こんなに元気にしていただいたのは、お医者さんをはじめ皆さまのおかげ」と、感謝せずにはおれなくなる。

こういう体験は誰にもよくありますし、なくてもよくわかりますね。

先日テレビで、永年、大和路を歩みつづけてこられた老万葉歌人が、顔をほころばせながら語っておられるのが印象的でした。

「最近、白内障の手術をしてもらいましたら、何もかもはっきりきれいに見えるようになりましてね。空ってこんなに青く美しかったのか、なんて感激しているんですよ」と。

白内障は長期間にわたって徐々に進行していくために、ものが濁《にご》って見える眼の異常に気づきもしなければ、苦にもならないで済ましてしまいがちです。手術をしてもらってはじめて、正常な眼に映る世界のすばらしさに驚嘆されたのでしょう。

またこんな体験を聞かせてくれた人がいました。なんとなく歩くことがいやだったが、それは、歩くとじわじわ腰が痛むからであり、痛むのは自分ではわからない腰椎疾患《ようついしっかん》のためだったことが、専門医による診断と治療のあとではっきりわかった、というのです。

病気の自覚症状も、病気のありかもわからないままに、ただゆえ知らぬ不調と不快の症状に悩まされていた人が、専門医による根本治療のおかげで健康になり、そこではじめて病苦の実体と意義を自覚し、健康の喜びを感謝の念をもってかみしめる。こういう医学的な治療体験のアナロジーをもって、精神もしくはたましいの病気と健康の関係が、もっともよく示せるのではないかと思います。それが仏教によって救われた、私の偽《いつわ》りない実感です。

私が仏教によって救われたとはっきり言え、救われている体験的事実に日々あらたな感動を覚えるのは、親鸞聖人をはじめその流れを汲むかたがたのすすめてくださる念仏のお蔭《かげ》です。念仏とは南無阿弥陀仏。南無阿弥陀仏とは、仏さまが真実一途にわたしに呼びかけ、私を呼び覚ましてわたしの真の主体となり、私を真実の世界に呼び返してくださるものです。

仏教の根本教説である「四聖諦」の教えによりますと、生きることは苦しみであり、苦しみの原因は煩悩《ぼんのう》にあります。

煩悩とは執着にもとづく限りない欲望と、それが満たされないことによる怒りです。常識的な人間観、人生観によれば、生きることは苦しみだと断定する仏教は極端な悲観論に見えます。人間苦は否定できないにしても、「苦あれば楽あり」と希望をもって生きるほうが大切なように思えます。煩悩が苦しみの原因であるということも受け入れがたく、欲望のなかに人間の生きる意欲も楽しみもあるのではないかと解釈したくなります。

しかしそれは、人間苦を深くとらえて、人間を根本から解放しようとする仏教を、正しく理解しようとしない態度です。体の病気にたとえると、苦しいのは胃にガンがあるからだと診断されているのに、そんな悲観的な見方をするより、胃薬を飲みながら、明日は必ず元気になるんだと希望をもって療養することが大切だと、医者に逆《さか》らっているようなものです。

ところで「四聖諦」の教えでは、人間を苦悩的存在ととらえ、その原因が煩悩にあることを突きとめたばかりでなく、煩悩を克服し苦悩を超えるための道、すなわち「八正道」

を説いています。一般に、この実践性にこそ、西洋哲学がもたない仏教の特色があり、その点については、むしろ実践的な立場から人間の心のあり方を追求してきた西洋の臨床心理学や心理療法の最前線から、最近、仏教の実践性を高く評価する声が上がっているのは興味深いことです。

ただ仏教の流れのなかにある私どもにとっての最大の問題は、現代においてどのように仏道を実践するかというところにあります。私どもははたして八正道を、またその後発展してきた大乗仏教の菩薩道《ぼさつどう》を実践できるでしょうか。答えは絶望的に不可能というほかはありません。

人間の苦悩の原因を煩悩に求め、自力によって煩悩を克服するという道は時代が下るとともにむずかしくなり、ついにその道を通って悟りにまで行ける人がいなくなってしまったからです。

釈尊はたしかにご自身の悟りの体験にもとづいて、人間苦の徹底的解明と抜苦与楽《ばつくよらく》の方法論を教示されました。教えは仏弟子たちに受けつがれ、時代とともに教えの根本精神は次第に深く究明され、悟りへの道もさまざまに工夫され実践されてまいりました。

しかし時が経《た》つにつれ、仏教がインドを越えて東洋各地に広がるにつれて、人間の生活環境も大きく変わり、教えに示されたとおりに、仏教修行に専念し、これを徹底して悟りにいたることは至難のわざとなってしまったのです。自力的実践によって悟りの境地に達する道は、教えとして、言葉としては今日まで残され伝えられてきています。言葉を手がかりにして教えを学問的に研究することも、さかんに行われてはおります。けれども、教えが指示するとおりに悟りへの道を実践している人となると、さあ、どれくらいいるのでしょうか。

　釈迦の教法ましまさど
　修すべき有情のなきゆゑに
　さとりうるもの末法に
　一人もあらじとときたまふ（親鸞「正像末和讃」）

という厳しいお言葉があります。これによりますと、釈尊の時代から遠く離れた末法の世に生きる私どもが、自力修行によって人間の迷いや苦しみの根を絶つということは、「至難のわざ」どころではなく、「まったく不可能」と思い定めねばなりません。

　ここにいたってわたしは、自力修行による悟りへの道を歩むことのできないものに、大きく開かれた道、すなわち弥陀の本願による念仏往生の道に、強く引き寄せられるのです。四諦八正道のような釈尊の根本説教は、仏教の基本的性格を知るうえで、もちろん大切なのですが、釈尊の説法・伝道の前には、ゴータマ・シッダルタの求道があり成道があったことに注目する必要があります。迷える人間シッダルタが悟れる釈迦牟尼仏となり、そこから釈迦のいっさいの教えが出てきたからです。

そうしますと、釈尊を二千年前に出生した宗教的偉人として尊敬すること以上に大切なことは、人間シッダルタを悟らせ仏にさせた根源的な力そのものに注目することだと思います。仏弟子たちのなかでも、その方向に関心を集中する人たちが、大乗仏教の流れを形成してきたものとうかがえます。

迷える人間を悟れる仏にする力、人間の苦しみを抜いて楽を与える力は、生きとし生けるもののなかにあまねくゆきわたっています。迷悟、苦楽、善悪の真相もわからないままに、迷いと苦しみと悪の淵《ふち》に沈んでそこから抜け出すすべも知らぬものの上にこそ、力強くはたらいてくださいます。その力を「如来の本願力」と言い、本願力は「南無阿弥陀仏」と名のりをあげて、いま、ここに、私の上に、私の中に来てくださっているのでありました。

この事実を一大事として知らせ、一大事に目覚《めざ》めさせるために興《おこ》ってきた仏教の流れ、それが浄土教であり、その流れの極みである浄土真宗によって、私はこの広大な力、如来の本願力、南無阿弥陀仏に遇うことができたのであります。

私が仏を求めたわけではありません。救われたいと願ったわけでもありません。むしろ背を向け逆らう私を、仏はどこどこまでもお見捨てなく、追い求め抱きとってくださったのであります。ふと目覚めたら私は仏さまの暖かいふところの中でした。私の身は冷えきっておりました。そのときはじめて、「救われた」という実感がこの身いっぱいに満ちあふれました。「救われるとはこういうことだったのか」と心底からうなずき、その後もくり返しくり返し、あくこともなく喜びをかみしめております。私の内面では、この感じが、先に述べた治病体験にも比喩的につながってくるのであります。

宗教的な救いの体験を言葉にすることは、むずかしいことでもあり、また勇気のいることでもあります。なぜならそこには体験を誇示しようとする誘惑と、誇示ではないかという疑惑がつきまといやすいからです。恵まれた救いをわたしの功にする思いあがりはつつしむべきであります。

けれども、私は、仏教に遇えば「苦を抜き楽を与えられる」ことは事実であり、念仏をいただけば「苦悩が除かれる」ことに嘘はないことを、身をもって証明したい気持を抑えることもできません。たとえわたしを除くすべての人たちが、声をそろえて「仏教は虚偽の教えだ」と叫ぼうと、私一人は動じないでしょう。

仏教に無関心の人や仏教を否定する人がふえて、遠からず仏教は衰滅するのではないかという気もいたします。ひょっとすると、私が息をひきとったときが、地球上から仏教が消えるときになるかもしれません。けれども私が生きているかぎり、この地球上に少なくともたった一人の仏教徒は存在します。その一人の中に、仏教は生き、仏教は栄えている。この揺るぎない事実を踏みはずした妄想や議論に、かけがえのない日々を浪費しないよう自戒したいと思っております。

「もったいない」は死語ですか

「もったいないは死語ですか」とは、東南アジアから日本に留学している一青年の、日本語弁論大会の演題である。一般に貧しいと見られている、南のいわゆる発展途上国の生活者から、豊かになったと思いこんでいるわれわれ日本人にたいする問いかけの言葉である。私は固唾《かたず》をのんでテレビの放映を視聴した。

――私は貧しい農村の出身です。子どものころ、貧しいけれども、家族が力をあわせて働き、できた作物を分かちあっていただく、いまにして想えばしあわせな毎日でありました。

ところが近年になって、農地は急速にエビの養殖場に変わり、家族や村びとの生活も一変しました。ある日、私は好奇心から、養殖のエビを試食してみたのです。ところがこれを見た父は、恐ろしいけんまくで私を叱りました。私は心底から驚きました。納得もできませんでした。うちで作ったものを、うちの者がちょっと食べたぐらいで、そんなにきつく叱られなければならないほど、悪いことなのかと。

しかし、「このエビは日本に買ってもらう貴重な食料品なのだ。お前たちに食べさせるために作っているのではない」と言い放つ父の言葉はこわいほどでした。昔はこんな父ではなかったのにと思うと、悲しくさびしい感じがいたしました。

それ以後、私はエビと日本人について関心をいだくようになりました。日本人はなぜエビをたくさん食べるのか。日本の人はどうしてエビがそんなに好きなのか。どんなに料理して食べるのかなど、いろいろ想像をめぐらせました。何はともあれ、私たちのエビ養殖が日本人の食生活に大きく貢献しているのだと思うと、ひそかにうれしい気もしておりました。

やがて念願の日本留学が実現し、日本のみなさんと食生活を共にしているうちに、思いもかけなかったエビの食べられ方を、しばしば目にするようになりました。

たしかにエビはさまざまな料理に広く使われています。けれども大量のエビが食べ残され、捨てられているではありませんか。それではエビがかわいそうです。家族にも食べさせないで一生懸命にエビを養殖している故国の人びとや家族があわれです。エビが日本人に大事にされ、喜んで食べていただいてこそ、父たちの苦労も報《むく》われるというものではありませんか。

私は日本へ来て、もったいないというすばらしい日本語を知りました。日本のみなさんはじつにもったいないない食べ方をしています。これがもったいないという言葉を生んだ日本人のすることだろうかと疑い、失望することがしばしばあるのです。みなさん、もったいないは死語ですか。──

静かな口調で弁論は終わったが、この青年の訴えは肝に銘じた。

思えば仏教・真宗は長年にわたり、「もったいない」「有難《ありがと》う」「戴《いただ》きます」「ご馳走《ちそう》さま」「お蔭《かげ》さまで」という日常語を生みだすほどに、深く日本人のこころを育ててきた。現代に生きる念仏者として、その精神文化創造力の衰退の責任をきびしく問われていると、痛感せずにはおれなかった。

シネラマ

いくさんは、バスも通わぬ山村に住む七十のお婆さんである。来る日も来る日も、鼻つくような同じ山を仰ぎ、同じ家の中で同じような雑事をくり返すだけの、平凡な生活を送っている。

西宮に嫁いでいるいくさんの娘が、かねてよりあまり熱心に来遊をすすめるものだから、ついに彼女も心動いて、一日お爺さんと孫の顔を見に行った。行ってみると居心地がよかったのか、逗留《とうりゅう》は長引いた。近所の人たちは、ずいぶんごゆっくりだなと言ったりした。さていくさんが帰ってからである。娘の家の自慢話もさることながら、人に会うと必ず彼女が口にするのは、シネラマの話である。

「みんなシネラマちゅうもん知っとるか。まあえらいもんができとるんやなあ。娘婿に連れて行ってもろて見たんやけど、わしはいままであんなびっくりしたことないわ。

長生きしたお蔭でえらい珍しいもの見せてもろたわ。えらいもんができる時節や」

と、感にたえぬという風である。そこで村人は、いったいどんなんやと聞く。

「世界中、旅行さしてもらうのと同じや。しかも普通では行けんような所まで、細こう見せてもらえるんや」

「それやっぱり映画か」

「あんな写真みたいなそっけないもんと違うて、自然の通りの色がついとってな、もっともっと大きいのんや。シネラマ見たら活動写真みたいな阿呆らしゅうて見られんわ」

聞けば聞くほど、いくさんは好もしそうに感慨込めて説明してくれるものだから、誰でも必ずその話に釣り込まれてしまう。仏事などで人寄りしたときでも、いつの間にか話題はシネラマ一つに集中し、いくさんの話を一同が感心して聞くというような形になってしまうのである。はじめ無関心であった者でも、しまいには、では私もひとつ暇《ひま》を作って見に行こうかなという気になる。

「とにかく、どなたも一遍わたしにだまされたと思うて見てきなはれ。なんせ、実際見んことにはわかりませんわ」

と彼女は必ず話の最後に言い、

「大阪の梅田ですぜ」

と道順や、さらに時間の説明までつけ加えることを忘れない。親切なものである。どうかしてあの素晴らしさを、村の人たちに見せてやりたいと思う一念で、燃えているかのごとくである。

しかも不思議なことにいくさんのシネラマの話は何度聞いてもあきない。ああまたあの話かと興《きょう》ざめるようなことは少ない。それほど常に新しい感じがするのである。

「えへんと咳《せき》したら、その唾《つば》がこっちへとんで来るような気がしまっせ」

というような表現で、シネラマの臨場感を生き生きと説明する。

＊

娘のおかげで、長生きした甲斐を味わわせるほどの、シネラマという素晴らしいものを見せてもらった。その感動はあまりにも大きくて、いつまでも忘れられない。その素晴らしさを思うと、つい感嘆の声が口からこぼれ出て、人にもぜひ一度見る機会をもつように、すすめずにはおれない気持になる。

このいくさんの心を私は噛《か》みしめる。シネラマの豪華・壮麗をまのあたりに体験した驚きと喜びが、おのずからいくさんを能弁にしたということの事実には、淀みのない自然な流露が見られる。いくさんの話に誘われて、シネラマに関心を呼び起こす者が出てきたという事実にも、水が枯田をうるおして行くような自然さがある。法を伝えていく力、法が伝わっていく力も、じつはこの種の自然に内在する力の外にはないのでなかろうか。

　新興宗教の民衆への浸透力はすさまじいものがある。その内容に関しては、鋭い批判にさらされねばならなぬものが多いし、現に批判されもしている。にもかかわらず、それらは刻々として既成宗教教団の地盤を侵して広がりつつある。その原動力はいったい何か、それは、新興宗教の信者個人個人の中にある具体的な救済の体験事実である。救済事実といっても、往々にしてたわいのない、自己暗示による病気治癒にすぎない場合が多い。しかしはたから誰が何と言おうと、病気が治ったという体験の事実は強い。この事実が神仏の恩恵から来るものであるという信念が、善し悪しの判断はともかくとして、彼らの積極的な宗教活動を生んでいる。

　新興宗教の動きが積極的・活動的であり、また伝道的であるのに反して、既成宗教の方は、消極的・受動的かつ儀礼的である。彼が個人から個人へ救済の道を、進んで伝えて行くのに反して、これは「おあずかりのご門徒」などと称して、檀家の数を守ることに汲々としている。彼は自己の中に燃える焔を他に移そうとしているがごとく、これは財布の中の古銭を減らすまいと腐心しているがごとくである。

　念仏不振を憂うる声は、教団の内外に満ちている。念仏者はここで一歩を進めて、なぜそうなったかについて、最も本質的な疑問を自己自身に発すべきではなかろうか。私はいったい何を人に伝えようとするのか、私から何物が失われてもこれだけは残り、私が死んでもこれだけは人のために伝えておかねばならぬというものが私にあるかと。この根源的な問いなくしては、いかなる教化や伝道の苦心も根なし草となり終わり、たしかな実を結ぶことができない。

弥陀の名号《みようごう》となへつつ
信心まことにうるひとは
憶念《おくねん》の心《しん》つねにして
仏恩報ずるおもひあり

本願に遇えば、回向された信楽そのもののなかに、憶念の心も仏恩報ずる思いも込められている。久遠劫来の苦源がいまし断たれて、不退の身にしていただいたという不可思議の前には、一切の世俗的救済のよろこびも悉《ことごと》く光を失ってしまう。この仏智不思議が信者に不思議な教化力を与え、その力によって不思議に人が信をとるのである。そこを自然法爾《じねんほうに》と言うのでもあろう。いくさんのシネラマ話は何かしら自然法爾を思わせるものをもっていた。

いかに美しくとも造花には蝶は寄らず、いかに花びらが欠けていても自然の花には蝶が寄るとよく言われる。それが自然の理《ことわり》であり力である。

見もしないシネラマを、見たように粧《よそお》っていると、言うほうにも迫力がないし、聞くほうの心も動かない。不自然だからである。不真実だからである。

清浄真実の願心でかためられた名号が人の心を動かさぬはずがない。念仏が伝わりにくいということのほうがむしろ不思議である。問題は、法のほうにでなく、念仏者、真宗信者をもって許している人のほうに、何か根本的な不自然、致命的な虚偽があるのではなかろうか。

春分と彼岸会

これより西方、十万億の仏土を過ぎて世界あり。名づけて極楽という。その土に仏まします。阿弥陀と号す。今現在説法したまう。（『阿弥陀経』）

また春のお彼岸がやってまいりました。夜がもっとも長い冬至が過ぎて一カ月もたちますと、「夕暮れどきには、ちょっと日の長くなったのが感じられるようになりましたね」といった言葉が、自然にこぼれ出ます。そして奈良のお水取りもすぎ、三月も下旬になりますと、昼と夜の長さの等しい春分の日が来ます。

「昔から〝暑さ寒さも彼岸まで〟とはよく言ったものですね」

「やっと春ですね」

「これからしばらくがいちばんいい季節ですね」

などと挨拶を交わし合うとき、なんとなく心ははずみます。

ハワイへ渡った浄土真宗の開教使が、お説教の冒頭に、「日本では〝暑さ寒さも彼岸まで〟と申しまして……」と言ってみたけれど、向こうの人にはまるでピンとこなかった、という話を聞きました。地球上で、年中、極寒か極暑の国々は言わずもがな、常春《とこはる》の国でも感じられない繊細な季節感の味わえる日本を、とてもありがたく思います。

それだけではありません。春分、秋分の日を、ただ昼夜の長さの入れかわる節目としてだけでなく、「彼岸会」として、仏教的な意義づけをして迎え、受け継いできた先祖の心情を、限りなく尊く思うこのごろです。

「彼岸」とは「彼《か》の岸、向こう岸、あちらの岸」ということで、「仏さまの国、お悟りの世界」を意味することは、みなさまもご存知のとおりです。私たち人間は、彼岸にたいする「此岸」こちらの岸にいて、彼岸をのぞみながら、自分たちの住んでいる世界が、悟りの世界ならぬ「迷いの世界」であることを自覚するとともに、迷いの世界を超えたお悟りの世界への憧れ心を起こすことになります。

彼岸と此岸との間には、広大な「生死《しょうじ》の苦海」が横たわっています。死を忌《い》みきらい、死を掩《おお》いかくすことによって生を楽しもうとする、そういう生への執着によって、かえって苦しみを重ねながら、生まれかわり死にかわりしている迷いの姿が、彼岸によって知らされます。

生死海を超えたはるかかなたの彼岸をのぞむことにより、かえって、彼岸からの光に照らし出されて、私たちの世界が、ほんとうに迷いの世界であり、苦の世界であることが見えてまいります。なんとか智慧《ちえ》を磨《みが》き、清らかな行をはげんで、苦海を渡りたい、彼岸に到り着きたいという願心もわいてくるはずです。本来、この願心《がんしん》にもとづいて行う実践が、「到彼岸《とうひがん》」のための菩薩行《ぼさつぎょう》である六波羅蜜《ろくはらみつ》（六度《ろくど》の行《ぎょう》）でした。

しかし、私たち凡夫は、こういうことは道理としてはわかるような気がしても、真実の智慧も願心も修行力もなく、ただ欲望中心の日常生活に明け暮れているばかりです。そこに浄土のみ教えの有難さがあります。

私たちにとって、彼岸とは努力し求めていける悟りの世界ではなく、阿弥陀如来のまします西方極楽浄土です。このごろこんな表現はあまり好まれないのかもしれませんが、私たちの魂《たましい》の「み親《おや》」が、「南無阿弥陀仏」と名のりをあげて私のところに来てくださり、迷いと苦しみの世界から、私を呼び戻そうとしてくださる真実の世界、「魂の故郷」なのであります。

春分と秋分の両日、真西に沈んでゆく太陽を拝して、はるか彼岸の極楽浄土を願生《がんしょう》し、浄土から照り返される光の中に深くわが身を省みた、ご先祖たちの心を限りなくなつかしく尊く思います。

前田慧雲師は、晩年、一生のうちで何度か『阿弥陀経』の味わい方が変わったと述懐しておられます。幼少の頃には、描かれているとおりの極楽を素朴に信じ、青少年の頃にはその存在を真っ向から否定し、壮年期にはその神話的表現の象徴的意義を哲学的に考え、そしていまでは経文の一言一句そのままにありがたくいただけます、と仰っしゃるのです。

明治時代、南条文雄師とともに、マックス・ミュラー博士のもとで梵文経典を研究するために渡英された笠原研寿氏は、不幸にして結核にかかり、業なかばにして帰国療養することを余儀なくされました。もちろん当時は長い船旅でありましたが、真っ赤に西の空を染めて、はるか大洋の水平線に沈んでいく太陽に向かって、「あのはてに極楽浄土ましま す」と落涙しながら合掌礼拝されたと聞きます。全身心をもって、すなおに深く西方極楽浄土を感得されたお心が、私の胸を打ちます。

省みて、仏説をも知的に受けとめ、理屈をこねまわしても、すなおに深く合掌礼拝し、称名念仏することを怠りがちなみずからを恥しく思うこのごろです。

真宗の生死観

近年、にわかに生と死の問題が、多くの人びとの関心を呼ぶようになってきた。生死の問題が社会問題として浮上してきた、とも言えるであろうか。

人間生命の操作をめぐってその倫理性を問う「バイオエシックス」、臨死患者にたいする人間的介護「ターミナル・ケア」「ホスピス」「ビハーラ」等の研究や実践が、急速に活発化し、マスコミも競ってその行動を報道する傾向にある。「生と死」「医療と宗教の協力」「死の準備教育」等に関する書物の出版もあいつぎ、書店でもかなり目をひく。

とりわけ「死」に関する諸問題が、真正面から取り上げられ話題にされるようなことは、かってなかった現象である。もちろん、社会の一般的傾向としてはまだまだ「死」への関心はうすい。世界第一位の長寿国となったこと、乳幼児を中心として若年層の死亡率が激減したこと、および臨死経験をもつ機会が乏しくなったことなどが、「自分の死は遠い」

という幻想を生み出しているからである。さらに言えばこのことが、心底に根づよくある、死を恐れ、忌《い》み嫌《きら》う傾向を補強しているからである。しかしながら、いかに忌避し遠ざけようとも、「死」は必ずやってくる。しかも、忌み嫌った「死」との直面は、人生の最終期を悲惨なものにするという反省が、とくに医療現場の最前線あたりから出はじめたということであろう。

ここでは、いかにして、苦しまず悩まず、従容《しょうよう》として「死」を受容し、人間としての尊厳性を保ちながら臨終を迎えさせることができるか、ということが課題になる。つまり、「死にゆく人」へのケアのあり方に焦点があてられることになるが、そこでとどまるわけにはいかない。ケアする人も同じく「死にゆく人」としての自覚に立ち、「いかに生きるか」を問わざるを得なくなるからである。大阪大学の円山誓信教授の次の報告は、このことを如実に示唆していて興味ぶかい。

過去十年間におけるアメリカの「死の教育」の結果を見ると、「死の教育」を受けると、他人の死については慣れが生じるけれども、自分の死についてはなかなか不安がとれない。「死の教育」のあとも、七割ぐらいが自分の死について不安の程度は変らないか、あるいは逆に不安が強くなっている。（庭野平和財団「研究フォーラム・生命の尊厳を支えるもの——医療と宗教の接点——」一九八三年三月）

教授は、死の教育を否定するわけではないが、何よりも大切な「自分」の死の教育をこれからすすめていく必要がある、と提案している。

じつは、いま、「真宗の生死観」が問われる背景には、以上のような時代的、社会的状況があることを、心にとどめておきたい。

＊

それでは、「真宗の生死観」とは何か。すなわち、真宗では生死をどう見るかについて、なにぶん小論なので、まず簡略に私論を要約して掲げたい。

一、生死は迷いであり、苦である。
二、生死を超える道は、弥陀の浄土に往生する以外にはない。
三、往生は、弥陀の本願力回向の念仏を信じ称えることによってのみ実現する。
四、往生は信の一念によって、現在の生活のなかに実現する。それが真宗念仏者の生活である。
五、念仏者は、現実の生活が一定の時間的・空間的な広がりのなかで、他者と関わりつつ展開する以上、生死、愛憎、善悪等の不安や苦悩や罪業《ざいごう》から一刻も離れることはできない。

六、それと同時に、刻一刻、死と接しつつ「いま・ここ」に生きる身が、即得往生している、あるいは如来の摂取の光明のうちにあるという意味で、すでに生死を超えている。

七、光明に照らし出されると、現在世界の諸問題は、時を過ぎ日を追うごとに念仏者に明らかに見えてくるから、目はそらせない。よそごと、人ごととしてすませない気持ちが日ごとに強まってくる。

真宗は仏教である。仏教は、生死を迷い、あるいは苦としてとらえ、迷いを転じて悟りを開く道、生死の苦を離れる方法を教える。したがって仏教は単なる教義体系ではなく、同時に実践体系である。仏道である。

釈尊の出家・求道の動機が生老病死の四苦の超克にあったこと、根本説教「四諦」の主眼は道諦、すなわち「八正道」の説示にあったことが、仏教の実践的性格を端的に表している。また法然や親鸞の実践的課題も「生死出ずべき道」の発見にあったという事実は、かれらの浄土教が仏教の本質を正しく継承していることを物語っている。

仏教の「生死」観は、必ずしも「生と死」をどう見るかという発想ではない。「生と死」的発想には、「死」をも見すえることによって「生」の内容を充実させようという、「生」

中心主義、現世中心主義の匂いがただよっている。暗黙のうちに、健康で長寿であることに絶対的価値をみとめ、また、死はまぬがれ得ないにしても、安楽な臨終を迎えたいという願いに裏づけられている。要するに、直接肯定的に「生」の充実をはかろうという発想なのである。もしターミナル・ケアの発想もこういう願いの充足を求めて起こってきているものならば、たとえ仏教のなかに臨終行儀があるにしても、ただちに両者を同列に扱うわけにはいかない。

仏教の課題は、いかに楽に生き死ぬかにあるのではなく、いかに生死を超えるかにある。この根本課題は、愛憎と善悪のしがらみのなかで生きるしかない者には、自力をもってしては絶対に解決しがたいという諦認から、往生浄土の教えが開けてきた。念仏者にとっては往生以外に生死を超える道はない。

浄土教においてターミナル・ケアが重要視されるのは、人が安楽に息をひきとるのを助けることに主眼があるのではなく、臨終の念仏で往生の可否がきまると考えられたからである。発想が現代思想とはちがうのである。

ところで、浄土教徒のひとり親鸞は、というより浄土教のなかで親鸞ひとりが、念仏に込められた弥陀の願意を深くたずね、往生の救いは、臨終正念の称名によってきまるのではなく、平生の信の一念によってきまることを明らかにした。念仏の信心は本願力回向の信、他力の信であり、他力回向の信心なればこそ、この不安と動揺のやまない凡夫の身に決定することを、みずから身証し、また論証した。

他者の介護に頼らなければ命を保てないような、あるいは医者に死を予告されたという意味での臨死者のみならず、「一息つかざれば千載永く往く」命をもって生きる者は、みな臨死者である。その自覚に立って、命ある間に、三度の食事がおいしいうちに、他力回向の念仏の信心を得て、即得往生の身になれ、と教えるのが真宗である。往生の「生」は「無上の生」、迷いと苦しみの「生死」をはなれた「生」、真実の「生」なのである。

真宗念仏者は、いのち果てるそのときまで、弥陀の摂取の光明のなかに生と死、愛と憎、善と悪のはざまを安んじて揺れながら生きる。「いささか所労のこともあれば、死なんずるやらんとこころぼそくおぼゆる」とともに、「いよいよ大悲大願はたのもしく、往生は決定《けつじょう》」(『歎異抄』における親鸞の告白)と勇んで生きる。

この信境にあってこそまた、いかなる人の「生」の悩みにも、「死」の不安にも応えていけるように思われる。

Ⅱ

仏教とはどんな教えか

仏教は目覚めの宗教

「仏教は目覚《めざ》めの宗教である」とよく言われます。私はこの表現に賛同します。もちろん、多様で深遠な仏教の性格を明らかにするためには、多くの言葉を使って説明しなければならないでしょうが、仏教の本質を一言で言い表そうとするとき、「仏教は目覚めの宗教である」というのが、もっとも的確な表現であると思います。

この表現の裏には、さまざまな意味が込められています。

まず仏教は、単なる哲学でもなければ思想にとどまるものでもない、ということです。もちろん、仏教はいろいろな西洋哲学にもひけをとらない仏教哲学をもっていますし、キリスト教教理やイスラム教教理と肩をならべられるような仏教教理ももっています。インド仏教にしろ中国仏教にしろ、また日本仏教にしろ、仏教思想の深さにはなみならぬものがあり、年を追って多くの学者や思想家の関心を集めるようになってきています。しかしながら仏教は、哲学や教理や思想として深いというだけにとどまらず、深い実践や体験に導く力をもっているというところが大切です。

次に、仏教は道徳や倫理にとどまるものでもないということです。仏教は深い実践や体験に導く力をもっていると言いましても、その実践や体験は道徳的な実践でもなければ、精神修養的な体験でもありません。さらに言うならば――誤解されないかなあとちょっと危惧しながら言うのですが――こころやからだの不調や病をなおす実践や体験でもありません。

仏教の経典は教訓や知識の宝庫ですから、その中から心ひかれる言葉を取り出して、日常生活の糧《かて》にすることはたいへんいいことです。また、たとえば瞑想や座禅のような仏教の実践法を取り入れて、心身の健康促進に役立てたりすることは、これからもっともっと盛んになる気配が見られます。これも結構なことです。ただ仏教は道徳や精神修養の域にとどまるものでもなければ、医療や心理治療の見地からも大きな力を発揮することに、その本来の目的があるわけでもない、「実践」とか「体験」とか同じ言葉を使っていても、仏教のみが教え導いてくれる独自の実践と体験があることに心をとどめたいと思います。

もう一言つけ加えさせてもらいますと、いかに実践が大事だと言いましても、仏教の実践は社会や政治をよくする実践とも、おのずからその実践の性格が異なるので、そのへんの弁《わきま》えをしっかりしておくことが大切だと、私は考えています。現代は社会的実践や政治的実践が非常に重要視される時代であり、社会や政治の動向を人ごとのように見過ごすわけにはいきませんが、仏教は宗教なのですから、宗教としての独自の立場や使命を忘れてはならないでしょう。そうです、仏教は宗教なのです。

ところでその宗教なのですが、宗教というのはどうも複雑怪奇でよくわからないところがあります。世間で宗教と見なされているものの中身があまりにも雑多でありすぎます。けれども、哲学でもない、科学でもない、道徳でもない、政治でもない、医療でもない、さらに言うなら、福祉でも芸術でもない宗教独自の性格もしくは使命といえば何でしょうか。それは、不安や苦悩から逃れられない人間のこころを救って安らぎを与えること、と言っていいのではないでしょうか。

そうしますと、問題の焦点は、それぞれの宗教が、私たちの心をどのように救《すく》い、どのような安らぎを与えてくれるのか、というところに絞られてきます。そもそも宗教によって救われるということはどういうことか、宗教による安らぎとはどういうものかと、言い換えていいかもしれません。

「仏教は目覚めの宗教である」という言い方は、仏教は人間を目覚めさせることによって、人間に真の安らぎを与えようとする宗教であるということを言おうとしています。言い換えれば、人間は、ほんとうに目覚めるということなしに救われるということはありえない、真実に目覚めることによってのみ、人間としての深い安らぎと喜びを得ることができるという趣旨を、短く表現しています。

世の中にはじつにさまざまな宗教があって、それぞれに「救い」を説いているけれども、少なくとも私には、その救いの内容がもうひとつはっきりしません。はっきりしている場合でも、はたしてそれが本当の救いなのか、いかがわしかったり、その教えや勧めがもうひとつこの身に納得できないことが多いのです。

宗教と思われているもののなかには、目覚めさせるどころか、かえって、酔わせたり、夢見させたり、一時的な熱狂的な陶酔《とうすい》に誘うものもあります。そういうものが宗教だと思い込んでいる人さえ少なくありません。現代は何をどう信じようと自由な時代ですから、そういう人たちの立場も認め、気持ちも大事にしていきたいとは思っています。しかしそれと同時に、仏教に遇わせてもらい、真実に目覚めさせていただいたおかげで、人間の心を酔わせ迷わせていく偽《いつわ》りの宗教を見きわめる眼をいただいたことを、ありがたく思います。そして、道理にはずれた教えにかえって迷いを深める人や、道理にかなった教えを知らないために、不安の根が絶てないでおびえている人を悲しまずにはおれません。

「目覚め」と「さとり」と「ほとけ」

さて、仏教が「目覚め」の宗教であることは、何よりもまず、「仏教」という言葉がそれをよく示しています。仏教の基礎知識の、それこそイロハの話になりますが、仏教とは、「仏陀《ぶつだ》の教え」であり「仏陀に成る教え」だと言われています。仏教とは仏陀が説かれた教えであり、その教えは仏陀に成ることを教える教えです。

「仏陀」とは梵語《ぼんご》の「ブッダ」を漢字にあてたもので、その意味は「目覚めたひと」「悟られたかた」「覚者」「自覚者」ということです。「仏陀」は日本では「仏」「ほとけ」とも呼ばれており、あらためて「仏さまとは何ですか」と問われると、「さて」ととまどってしまいます。が、仏さまとは本来、悟りを開かれたおかた、真実に目覚められたおかたであるということは、しっかり心に入れておきたいものです。

仏教が目覚めの宗教であることは、「ほとけ」と「さとり」の関係を知ることによっても確認できます。

仏教を簡明に説明しようとするとき、仏教とは、「転迷開悟《てんめいかいご》」（迷いを転じて悟りを開く）、「転悪成善《てんあくじようぜん》」（悪を転じて善を成す）「抜苦与楽《ばつくよらく》」（苦を抜いて楽を与える）を目的とする教えである、という言い方があります。

最初の「悟りを開く」というときの「悟」は、もとの梵語では「ボーディ」と言いますが、漢字ではその発音に近い「菩提《ぼだい》」という字をあてています。漢字で見ると「仏陀」と「菩提」とはなんの関係もないように見えますが、梵語にさかのぼって調べてみますと、この二つの言葉が切っても切れない深い関係にあることがはっきりします。じつは「ブッダ」と「ボーディ」は、「目覚める、悟る、自覚する」という意味の動詞から出た、兄弟関係にある名詞なのです。つまり「ブッダ」（仏陀）が「悟りを開かれたおかた、真実に目覚められたおかた」を意味するのにたいして、「ボーディ」（菩提）は、「悟り、目覚め、自覚」そのものを指します。したがって、「悟りを開く」ということと「仏に成る」ということは同じ意味であることが、これでわかります。

仏教の開祖はお釈迦《しゃか》さまです。お釈迦さまは、人間としてこの地球上に生まれ、初めて悟りを開き、仏に成られた唯一の「仏さま」ですから、「釈迦牟尼仏《しゃかむにぶつ》」「釈尊《しゃくそん》」と特別の尊称を付してお敬《うやま》い申しあげるわけです。釈尊は自ら悟って仏陀に成られたばかりでなく、万人に悟りへの道、仏陀に成る道を教え伝えてくださいました。その教えが仏教、その道が仏道《ぶつどう》ですから、仏教が目覚めの宗教であることは、これでいよいよ明らかです。

仏教はキリスト教やイスラム教よりも長い歴史をもち、広い地域や国々に伝わり、多くの宗派に分かれ、教えや儀礼も複雑多様な形をとって今日におよんでいますが、この基本的性格は一貫して貫かれています。

逆な言い方をしますと、この基本的性格を見失った仏教は、外形は仏教のように見えていても、それはもはや、真の意味で仏教でないと見たほうがすっきりすると思います。現《げん》世《ぜ》の利益《りやく》を求めて祈禱《きとう》し、得体《えたい》の知れない不安や恐れから逃れようとして呪《まじな》いや占《うらな》いにたより、悪霊《あくりょう》や障《さわ》りや汚《けが》れを払《はら》い浄《きよ》めようとする行いが、仏教らしい教えや形態をとっていることが間々あります。

仏教は、人間が真実に目覚めることによってのみ、真の人間になることができると教える宗教です。人間には人間に生まれたがゆえの人間苦というものがありますが、苦悩にさいなまれたまま一生を終わるのでは、せっかく人間に生まれた甲斐《かい》がありません。それではあまりにもみじめすぎます。人間の尊厳にもそむきます。仏教は、その苦悩の根は目覚めによってしか抜けない、救われないことを教えてくれます。教えてくれるばかりでなく、じっさい仏の教えに遇えば、人間にとっての真の救いとは目覚め以外にはないという道理に深く深くうなずくことができます。

「まよい」と「さとり」

ところで、「転迷開悟」の「迷」と「悟」、「まよい」と「さとり（めざめ）」との関係をもう少し考えてみましょう。

一応、単純に言えば、悟る以前の状態が迷い、迷いから覚《さ》めた状態が悟り、ということになります。お釈迦さまも悟りを開き仏陀になられる以前は、私たちと同じく悩み苦しむ人間、迷える凡夫《ぼんぶ》でした。逆に言えば、迷える凡夫も悟れば仏になるわけです。人間ばかりでなく、およそ生きとし生けるもの（これを仏教では衆生《しゅじょう》、もしくは有情《うじょう》と言います）と、仏さまとの違いは、迷いのなかに生きているか悟りの世界に生きているか、ただこの一点にかかっております。

「迷」の世界と「悟」の世界、「凡夫」の世界と「仏」の世界とはあい対立していますが、これら二つの世界は、じつは、目の前において比較したり、頭の中で考えたりできる世界ではありません。比較や思考を超えた目覚め、自覚によって明らかになってくる世界であります。迷いのなかにいるときには悟りの世界はぜったいわからない、迷いから覚めて悟りが開けたとき、初めて迷いの姿がはっきり見えてくる、そういう関係だと思います。

日本語の「まよい」という言葉は、「酔い」の前にその意味を強める「ま」という接頭辞をつけた言葉だという説明を聞いたことがあります。「まっすぐ」「まっぴらごめん」「まっ向から反対する」など、はじめに「ま」をつけるとずいぶん意味が強くなりますね、そのように「まよい」は、酔いの強い状態、したたか酔って自分の酔いつぶれた姿がわからなくなっている状態だと考えられます。

「一杯目ひと酒を飲み、二杯目、酒酒を飲み、三杯目、酒ひとを飲む」と言いますが、酔いは「もっとどうぞ」と勧められても、「いやあ、すっかり酔いました」と言っている段階では、すっかり酔っているのではなくて、覚めているんです。酔いがまわってくると酒の勢いで酒を飲み、ついには正体をなくして、自分の言っていることやっていることに、まったく覚えがなくなってしまいます。それが「まよい」の状態です。

これをたとえとして迷いと悟りの関係を考えてみますと、迷いのなかにいるときには、自分が迷っているということがまったくわからない。私たち、人間界に生《せい》をうけ、人生の旅を続けながら、旅の行く先がけっこうはっきりしているつもりで生きていますから、「迷っている」と言われても、どうもピンときませんものね。

酔っている人が自ら酔いから覚めるか、ひとの力で覚めさせてもらうかによって正気にもどれば、自分が酔っていたことに初めて気づくわけです。そのように迷いのなかにいるものは、自分自身で目覚める（悟る）ことによって、初めて迷いを知り迷いから離れることができる。あるいは先に目覚められたかたから、呼びかけられ呼び覚まされることによって初めて、永らく迷いの身であった自己の姿に気づかしめられ、悟りへの道に出していただくことができると申せます。

お釈迦さまは、自ら求め自ら迷いを転じて悟りを開かれたおかたです。迷える人間から悟れる仏陀に成られたおかたです。ところが悟りを開かれたところでとどまっておられなかった、そこのところがたいへん重要です。

迷いを転じて悟りの智慧《ちえ》が生まれると、その悟りの智慧によって明らかに見えてくるのは、迷いの実相《じっそう》です。迷い苦しむ衆生の姿です。自分が悟りを開くことによって迷いを克服することができたからといって、そこで満足していることができない。迷い苦しんでいる衆生を見捨てておくことができない、なんとか迷いの世界から救い出したいという慈悲《じひ》のこころに転じていきます。仏の透徹した悟りの智慧は、静かに冴《さ》えれば冴えるほど、生きとし生きるものを救わずにはおれないという慈悲のこころとなって、動いていきます。

お釈迦さまは、悟りを開かれたあと悟りの座を立たれ、以後、お亡くなりになるまで、たゆむことなく有縁《うえん》の人びとに教えを説き続けられました。そのおかげで仏教が生まれ、その教えに遇って数限りのない人びとが救われたことは言うまでもありません。

そうしますと、お釈迦さまのように自分の力で悟ることができない、迷いの世界から抜け出せない私たち、いや、迷いのなかに眠りこけて迷いを迷いとすら知らないで生きている私たちは、悟りの世界におられる仏さまから、呼びかけられ揺り起こされなければ、けっして迷いの夢から覚めることはありません。そうです。仏教とは、仏の教えとは、私たちに呼びかけ、私たちを揺り起こして、迷いの悪魔から目覚めさせようという、仏さまの呼び声であり、はたらきかけなのであります。

そこに私たちが「仏の教えを聞く」ことの大切さがあります。仏の教えを聞かなければ、私たちは迷いの世界からけっして抜け出すことができないでしょう。仏の教えを聞かなければ、根本的な意味において人間苦を解決し、人間として生まれた真の意義と喜びを、心底から噛《か》みしめることはむずかしいのではないかと、私は思います。

呼びかけを聞く

仏教においては、教えとは、悟りの世界から迷いの世界への呼びかけの言葉である、私たち人間は仏からの呼びかけに呼び覚まされて救われるということについて、考えさせられる興味ぶかい話があります。

私は奈良県と三重県の県境にある静かな山あいのムラ（集落）に住んでいますが、東の方角に赤目《あかめ》四十八滝という景勝地があります。その赤目四十八滝へ行くつもりのハイカーが、ときおり道を間違えて、私たちのムラの林道に迷いこんで来ることがあります。その林道は奥深い森林地帯にしか行けない道ですから、ハイカーがそれと知らずにそのまま進んで行くとたいへんなことになります。それをムラの人はよく知っていますから、林道の入り口近くで呼びかけずにはおれません。

「ちょっと、あんたら。どこへ行かはるつもり?」

この呼びかけにたいするハイカーの反応がおもしろいのです。

まず呼びかけてもそ知らぬ顔で、見向きもしないでどんどん歩き続ける人がいます。次に、立ち止まり振り返って、「は、何か?」と応じてくる人もいます。「赤目の滝へ行くつもりなんですけど、この道ちがっていますか。なんかおかしいと思っていました」と言いながら呼びかけた人のほうへ近づき「どう行けばいいんですか」と積極的に聴《き》いてくる人もおります。

第一の人は、呼びかけの声がまったく耳に入っていません。誤った道を歩んでいるとも、この道をこのまま行けばますます深く迷いこんでいくとも思わず、自分は正しい道を歩んでいると自信をもっているからです。自分に呼びかけられているとは、つゆ思っていないのです。第二の人は、見知らぬ人から自分に声をかけられたことに素直に反応し、「なぜだろう?」とちょっと驚き、呼びかけの意図を聞こうとしています。第三の人は、はたしてこの道でいいのだろうか、なんとなく違うような気がすると、無意識のうちに不安を感じていた人です。

これはこのまま、仏さまからの呼びかけである「み教え」と私たちとのかかわりを暗示しているのではないでしょうか。

日本は仏教国だと言われてきましたから、仏さまのみ教えを聞く縁というか、チャンスは、それこそ無量無辺にあると思います。けれども「心ここにあらざれば見れども見えず、聞けども聞こえず」で、葬式・法要や習慣的なつきあい以外は、仏教は自分の生活とは関係ないと思っている人は、第一の人です。み教えを聞く縁に恵まれ、これにわがため、わが身の救いのためだと心得て、教えのこころをもっと聞いていこうとする人は第二の人です。み教えに遇い、無意識の不安がゆさぶられ、何をおいても聞かずにおれぬ、求めずにはおれぬと積極的に聞法《もんぼう》に身を入れる人は第三の人です。

じつは、もう一つ第四の人があります。それは自分が呼びかけられているのだと気づき、呼びかけ人の仰っしゃることをよく聞き、その指示にもとづいて正しい道へと方向転換した人です。この人は、頼みもしないのに呼びかけ呼び戻してくださった親切に深く感謝してお礼申すことでしょう。

み仏の呼び声に呼び覚まされた身として、私はみずからをこの第四の立場においてみるとき、次のような感懐がわいてきます。

はじめは私も、第一の人のように、迷いの人生を歩んでいるとはつゆ思わず、したがって仏教も実生活にはあまり関係がないと思っていた。いろんな縁に恵まれてだんだんみ教えにふれていくうちに、み教えとは、ひたすら私の身を案じて私を救い出そうとしてくださる呼び声だとわかっていた。そこで次第に身を入れて真剣に聴かずにはおれなくなった。聴けば聴くほどわが身のほどが知られ、仏さまへの感謝の念を深くした。しかし呼びかけ人である仏さまの声は厳《きび》しく大きくなるばかりである。

ああ、なんということか。私はじっと立ち止まったまま首をふったり、お礼を言ったりしているばかりだったのである。仏さまは正しい方向を指し示し、威厳のある、しかも哀願するような声で「行きなさい」と命令した。気がつくとたくさんの仏たちが、ちょうどムラじゅうの人びとがハイカーのまわりに集まってきたかのように、私をとりまいて、口々に、しかも一斉に「なぜ立ち止まってじっとしているの。行きなさいよ」と勧めてくれた。私はその声に思わず動かされて、示される方向に向かって決然と歩みはじめた。私の心は落ちつき、あらためて深い感謝のこころがわき起こった。

「はい」の返事もあなたから

以上のように感懐を述べてきて、正直なところ、私は心の中になにか落ちつきの悪い、すっきりしないものを感じています。それは「み仏の呼び声に呼び覚まされて」という言葉で表現したくなっている私の仏教体験は、微妙《びみょう》なところ、あるいは大事なところで、道に迷ったハイカーのたとえでは表現しきれないものがあるからだと思います。

それは多分、仏教のなかの自力《じりき》、他力《たりき》二つの立場の違いから来ているように思います。詳しく見てきましたように、「転迷開悟」が仏教の基本的性格であることは、自力門も他力門も変わりはありませんが、迷いを転じて悟りを開く具体的方法として、前者が自力修行によるのにたいして、後者は他力信心によるという立場をとっています。

私が「みほとけの呼び声に覚まされて」というのは、他力信心のひとつの心理的表現なのです。前のたとえを振り返ってみますと、第四の立場は、呼びかけに応《こた》え、呼びかけに従って、迷いの道を行くことは踏みとどまり、方向転換はしたけれども、なお自分の脚《あし》で、自分の工夫で、悟りへの道を歩き続けなければなりません。そういう立場のたとえとしてはぴったりしています。しかしこの立場では、「呼びかけを聞く」ということがそのまま「呼び覚まされる」ということになってはいないのです。

それにたいして親鸞聖人によってすっきりと開顕された浄土真宗の「他力信心」は、「呼びかけを聞いた」とき、すなわち「呼び覚まされた」とき、「救われた」ときです。「呼び覚まされて」目覚めたのですから、やはり「目覚め」です。「自覚」です。「他力信心」は「目覚め」なのです。これまで、浄土真宗によって得られる「信心」は、「信仰」という言葉で言い換えられてきました。しかしそれよりも、いま、「他力信心」「念仏の信心」を「目覚め」「自覚」ととらえて、その性格を鮮明にしていくことのほうがよほど大事なのではないでしょうか。

ここのところをもう少し掘り下げてみたいと思います。

これまで「仏のみ教え」を、仏さまから迷いの世界にいる私たちを、迷いから呼び覚ますための「呼びかけ」の言葉として味わってきました。その仏とはお釈迦さまのことで、仏教とはお釈迦さまの説かれた教えだと理解するのは自然であり、またわかりやすいことでもあります。

けれども「諸仏《しょぶつ》」という言葉がありますように、仏さまはただ釈迦一仏だけではありません。お釈迦さまはご説法のなかで、「私だけが仏ではない。すでに私の前にたくさんの仏さま（正覚者）がおられて、悟りへの道を歩まれた。私はその古道《こどう》を発見したのである」と語っておられます。

人間の歴史だけを見ていますと、仏さまは釈尊ただおひとかただけのように見えますが、そうではなくて、数限りなく過去にもおられたし、また現在にもいらっしゃる。悟りの智慧で迷いの姿を見抜き、慈悲のこころをもって迷えるものにはたらきかけてやまない仏たちが、私たちにはそれと見えないだけで、私たちのまわりにいっぱいいらっしゃるのです。

そうしますと、仏教の教えも、私たちを真実に目覚めさせようという、み仏の願いが込められているという点ではみな同じですが、どういう仏がどういうふうに私たちを目覚めさせ救ってくださるのか、ということになると、雲をつかむような話になってしまいます。み教えが説かれている経典だって、おびただしい数にのぼりますし、どれを選んでどう読めばいいか途方に暮れてしまいます。

そういう状況のなかで親鸞聖人は、『無量寿経《むりようじゆきよう》』に説かれた阿弥陀仏《あみだぶつ》こそ仏のなかの仏、「阿弥陀仏に南無《なむ》せよ」という弥陀の本願「南無阿弥陀仏」こそ、教えのなかの教え、呼び声のなかの呼び声であることを、苦労して明らかにしてくださったのです。

「この弥陀を信じよ」「われをたのめ」と、真の救い主としての名告《なの》りをあげ、私たちを呼びづめに呼んでいてくださる。その声「南無阿弥陀仏」に呼び覚まされて、はじめて永い迷いの夢から覚めたとき、思わず「はい」と出る返事が、これまた「南無阿弥陀仏」という称名《しようみよう》念仏なのであります。

無学無位でありながら、美しく他力念仏の信心をいただき、生涯、法悦《ほうえつ》の日々を送った妙好人《みようこうにん》「六連島《むつれじま》のお軽《かる》」さんは、こううたっています。

　おかるおかると　ゆりおこされて
　あいのへんじも　あなたから

人間に生まれて

「生まれる」と「生きる」

日本語の「生」という字は、ずいぶん広い意味をふくんでいます。読み方も「せい」「しょう」「なま」「き」「ふ」「うまれる」「いきる」「はえる」「うむ」などとさまざまですし、「生」をふくんだ熟語《じゅくご》になると、さらに多種多様になります。

たとえば、生活《せいかつ》、生命《せいめい》、生徒《せいと》、生涯《しょうがい》、生類《しょうるい》、生花《いけばな》、生糸《きいと》、生憎《あいにく》、生傷《なまきず》、先生《せんせい》、更生《こうせい》、往生《おうじょう》、畜生《ちくしょう》、といったぐあいです。お暇《ひま》なとき、「国語辞典」や「漢和辞典」などでじっくり調べられたら、興味はつきないことと思います。

ところで、いまさしあたっては、二つのことに注意して、「いのち」の問題を考え、いただいた「いのち」の尊さを深くお味わいする手がかりにしたいと思います。

そのひとつは、「生」は、基本的には、「生む・生まれる」という意味と、「生きる・生きている」という意味とに大別できるのではないかということです。「誕生《たんじょう》」という意味と、「生命・生存・生活」という意味の二つと言い換えてもいいでしょう。ふつうには、この二つをごちゃまぜにして使っていますが、ここでは、ちょっと分けて考えてみましょう。

一般的に申しますと、新しい生命（いのち）が誕生して（生まれて）、その生命が続いていくことが生存、もしくは生活、そして生命（いのち）の終わるときが死だということができます。生まれて↓生きて↓死ぬ、という順序です。人間ばかりでなく、あらゆる生き物、生きとし生けるものの生命現象《げんしょう》はすべてこれで簡単に説明がつきます。ところが、私たち人間一人ひとりが、自分の「いのち」を問題にしますときには、そのように簡単には片づきません。というのは、自分が「生きている」事実はわかっていても、自分が「生まれ」「死ぬ」事実は、自分では確かめられないからです。

まず動かすことのできない事実から出発しますと、私が（自分自身が）、いま、ここにこうして、人間としての身をもって生きているということは、厳然《げんぜん》たる事実です。決して否定することができません。そしてさらに、人間として生きている以上は、人間のいのちをいただいてこの世に生まれた、誕生したという事実も疑うことはできません。

もう一歩押し進めて申しますならば、誕生を「生まれる」と受身の形で表現しますとおり、私の誕生は私の自由意志によって選《えら》んだものではなく、まったく受動的なできごとであったということです。これもくつがえすことのできない事実であることを、受け入れざるをえません。

あらゆる生き物は、また人間は、生まれて、生きて、死ぬものだということは、一般的な真理として、誰にもたやすく理解することができます。けれども、こと自分自身のいのちということになりますと、いま、ここに生きているという事実は、疑いなく、かつ実感をもって受けとめることはできても、自分自身の誕生と死亡については、否定できない事実であることはわかりながら、自分の考えや意志のおよばないところにある、ということです。

このことは、しっかり心にとどめておきたいと思います。私たちは、このごろ、自由を尊び、自由意志による選択《せんたく》や決断を大事にします。私たち人間はモノではないのですから、自分の生き方を他人によって強制されたり、決定されるのは、誰でもいやです。そういう意味で自由とか自発性ということは、もっともっと大切にしなければなりません。

けれども、私たちは、「こんど誰と誰を父母にして、男として（あるいは女として）、どこの国のどの地に、どんな能力をもった人間として生まれてやろう」などと考え、自由意志で選択し、決断して、この世に生まれてきた人はだれもありません。自我《じが》意識のめばえる以前のいのちを両親からいただき、両親をはじめ多くの人びとのお育《そだ》てを受けることによって徐々に成長し、自我が目覚め、考える力がつき、いまこうして、人間であることを自覚しながら生きているのです。そして、考える力によって、「ああ、私は人間だ」と気づかせていただけるということではないでしょうか。気づかせていただくけれども、自分のいのちのはじめと終わりは、人間の知力を振りしぼってもわからず、自由意志でいかんともしがたい、ということではないでしょうか。

ひょっとすると、私たちが平穏無事に生きているときは、「人間として生きている」なんて、小むずかしく考えることもなしに、ただ生きているだけかもしれません。しかしちょっと人生の性格や能力や人間関係や境遇に疑問や不満をいだき、「なぜ私はこんな境遇に生まれ育ったのだろう」とか、「なぜ親はもっと私を強く賢く生んでくれなかったのだろう」とか、いろいろに思い悩むのではないでしょうか。さらに突きつめると、「こんなにつらい人生なら、いっそのこと人間に生まれてこなければよかった」ということにもなりかねません。

これは思いや自由意志のとどかない「いのち」の問題を、思いや自由意志でなんとかしようとしているのであって、ひっきょう無理なことと言わざるをえません。

私たちは、人間に生まれたという事実は、自由意志でいかんともすることができないのです。自分がいまこの時代、この社会において、こういう姿で生きているという事実も、私たちの考えや自由意志のおよばない力によって動かされている部分が、存外に多いかもしれません。しかしながら、人間に生まれた意味、人間として生きる意義に目覚めるか目覚めないかはまったく自由であります。目覚めることによって人生は輝く、と教えてくださるのが仏教だと、私はいただいています。

「生と死」と「生死」

もう一つここで掘り下げてお味わいしてみたいことは、「生死」についての考え方が、仏教と仏教以外の宗教や哲学や科学や常識とは、大きく、おそらく根本的に異なっているということです。

仏教が一貫して大切にしてきたことは「真実《しんじつ》」「道理《どうり》」「まこと」であり、仏教の実践目標はただ一つ、「どのようにして真実に目覚めるか」すなわち「悟りを得るか」ということであります。真実に目覚められたかた、悟りを開かれたかたが「仏陀」「仏さま」です。仏教、仏さまの教えとは、悟りの智慧《ちえ》によって明らかにされた真実の教えであり、教えをとおして、私たちに真実を知らせよう、真実の世界にみちびこうとしてくださる慈悲のあらわれでもあります。

仏さまの教えが真実であるとしますと、悟ってもいない私たち、もっと積極的に表現しますと、迷い苦しんでいる私たち人間の常識はもちろんのこと、常識に反省を加え、精密にした哲学も科学も、徹底した意味では真実ではないということになります。このあたりがたいそうわかりにくく、ときには反発を招きやすいところでもあります。

哲学や科学のことはさておくとしても、仏教は他の宗教とまで一線を画そうとするのか、という質問が出ましょうが、どんな表現をとっていても、それが真実を表すものだったら、それは仏教ですし、逆に、仏教と名のっていても、真実を表さない教えや実践は仏教のなかに入れないという、すっきりした考え方に、仏教は立っていると思います。

さて「生死」に戻りますが、これは「せいし」と読むのが、世間一般のならいです。ところが仏教では、かならず「しょうじ」と読みます。「生」はふつう「せい」と読み、仏教では「しょう」と読みならわしてきました。ただそういうふうに読みぐせがちがうだけで、いまとなってはどちらでもいいじゃないかと思われましょうが、そうはいかないのです。

「生死」を「せいし」と読む人は、無意識のうちに、「生」と「死」とをあわせた言葉として、この文字をとらえているのではないでしょうか。このごろさかんに「生と死」という言葉が使われているように、「いのち」を「誕生」と「死亡」、あるいは「生きること」

「死ぬこと」に分けて考える発想がそこにあります。この発想はきわめて常識的な、そしておそらく近代から現代に一貫する、一般的な「いのち」のとらえ方であると思います。

いのちのあるものは、生まれた以上かならず死ななければならないということは、誰も否定することはできず、頭のなかではよくわかっているつもりでいます。仏教に「生老《しょうろう》病死《びょうし》」という言葉がありますが、人間、生まれて老《お》いて、病《や》んで、死んで行く、それが人生というものだ、ということぐらいは仏教で教えてもらわなくても、わかりきっていると思っています。

しかしホンネのところでは、まったくその反対です。「老」に抵抗してできるだけ若々しく、「病」に抵抗して健康をたもち、「死」に抵抗していつまでも長生きしたい、そうすることによって、「人生」を楽しみたいと、本能的に痛切に、願っています。それが人間というものでしょう。思えば、「不《ふ》老《ろう》長《ちょう》寿《じゅ》」は人間の長年の夢でした。そして近代の科学や技術は、考え方としてはこの常識を肯定的に引き継ぎながら、人間の知力の限りをつくして、その願いの現実に努めてきたものだと、言うことができます。

仏教では、以上のような「生死」のとらえ方は、「いのち」の真実のとらえ方ではないと見ます。まず「生」と「死」を分け、「死」をなるべく見ないようにすることによって「生」を楽しもうとする生き方は、「いのち」の半面には目をつぶっていこうとすることですから、真実の見方、生き方ではないと警告します。そんな人生の内容は、突きつめて言えば、「死」にいたる「生」と裏表になった「生」、「死」をまぬがれない「生」、「死」のかげにおびやかされる「生」なのですから、「生」と「死」とは一つの「生死《しょうじ》」であり、「生死」はひっきょう、迷いであり苦しみであると説きます。

仏教では、「生死」は、「生死流転《しょうじるてん》」と熟したり、「輪廻《りんね》」という言葉がありますように、いつまでも果てしなく生まれかわり死にかわりして、迷いと苦しみを続ける「いのち」のありようを意味しています。「いのち」のありようをそのように見通せるのは、迷いと苦しみを超えた仏さまの悟りの智慧であり、そういうことを教えとして私たちに示してくださるのは、私たちを迷いや苦しみから救おうとする慈悲の心が、そこにはたらいているからです。

そうだといたしますと、私たちが人間として生きる苦しみや悩みから脱却する道は、大きく分けて二つあるということになります。仏教が教える道と、仏教以外の常識や宗教や科学が考えている道とです。仏教以外の教えや常識が考えている方法は、「生」と「死」を分け、「死」をいまわしいものとして、遠ざけ、掩《おお》いかくすことによって「生」きる楽しみを手に入れようとする方法です。これにたいして、「生」と「死」とあい伴う「いのち」のありようを「生死」、すなわち苦ととらえ、いわば、生死を超え、生死の苦しみにわずらわされない世界に生まれないかぎり、人間にまことの安らぎはないと説き、そういう新しい生まれ方を教えてくださるのが仏教であり、ここに仏教の独自性があるのでありま す。私はそのようにいただいております。

「一度生まれ」と「二度生まれ」

じつは、人間として生きることは当然のことと思い、いまある「いのち」にのみ執着《しゅうちゃく》し、人間に生まれた意義は問わず、さけられない死をいまわしく思ってこれを遠ざけようとする考え方、生き方は、人類史のうえから見ると、案外、新しいものではないかという気がします。そして、こういう考え方、生き方は、西洋近代の合理的な精神によって、ことに強化されてきたのではないかという気がします。

インドを中心とした東洋の哲学や宗教は、遠く何千年の昔から、もっと深く「いのち」というものをとらえてきたのではないでしょうか。とりわけ、ひたすら真実を見きわめ、真実に生きることをのみ求めてきた仏教は、親鸞聖人の浄土真宗にいたって「いのち」の本質をきわめつくし、生死を超えたいのち、光り輝く限りなきいのちに生かされる純粋な喜びと深い安らぎを得る道を、すべての人にひとしくきり開いてくださった道を歩ませていただくことによって、確信をもってそう言うことができます。そのへんの味わいを、最後に聞いていただくことにしましょう。

とつぜん話は変わるようですが、古いインドの言葉で「鳥」のことを「ドビジャ」と言います。「ドビ」とは一、二、三の「二」、「ジャ」とは「生まれ」の意ですから、「ドビジャ」は直訳すると、「二度生まれ」という意味です。

なるほど、鳥は二度生まれなければ鳥にはなれません。鳥はまず卵として生まれますが、そのままではいつまでたっても卵でしかありません。親鳥に抱きかかえられ、三週間という長いあいだじっと温《あたた》められることによって、卵のなかのいのちははぐくまれ、殻《から》を破ってひよことして誕生する、これで鳥になるわけですね。鳥を「ドビジャ」（二度生まれ）とは、うまく言ったものだと思います。

ところが「ドビジャ」には、もうひとつ「人間」という別の意味があります。ただし、人間一般ではなく、古いインドの最下層階級に属する奴隷《どれい》を除いた上三階級、とくに最上層のバラモン階級の人間を指したのです。バラモンがなぜ「ドビジャ」（二度生まれ）なのでしょうか。これを知るには、古代インドの四姓制度の成立について少々の説明がいりましょう。

おそらくいまから三千年あまりの昔、西洋人と同じ人種に属するアーリヤ民族が北からインドに侵入し、先住民のドラビダ族を征服して、奴隷にしてしまいました。アーリヤ人は次第に「リグ・ベーダ」という聖典を中心にしたバラモン教を成立させ、神につかえる聖なる階級バラモンを頂点として、王族、庶民の三階級に分化していきました。そして征服した民族をシュドラという最下層階級において、アーリヤ民族からなる上三階級に、奴隷として奉仕させたのです。

バラモン階級を中心とするアーリヤ人を「ドビジャ」と呼んだということは、ひとたび人間に生まれたうえに、さらにバラモン教によって汚《けが》れのない神聖ないのちを得てこそ、つまり二度生まれてこそ人間は尊いと、彼らが考えていたということを意味します。言い換えますと、人間はただ生理的、肉体的に人間として誕生するだけでは、まだほんとうに人間になっていない、もう一度精神的に生まれかわる経験をしてこそ、真の人間になるという人間観を、古代インド人はいだいていたということです。彼らは、バラモン教によって精神的再生ができると信じていましたので、バラモン教の神事をつかさどるバラモン階級が、聖なる階級として最上位を占めていたのでした。

一度生まれのままで、自然に人間になっていくかのように思いこんでいる、現在の多くの人びとの人間観を考えなおさせるという意味で、古代インド人の、いわば「再生的人生観」は興味深いものがあります。ただ問題は、再生できる特権をもつのはアーリヤ人種だけに限られ、隷民のシュドラに属する人たちは、厳然と差別されていたということです。

シュドラは人間に生まれても賤《いや》しく汚れたままであり、神につかえることも、神の栄光にあずかることもできないという人種差別のうえに、バラモン教と古代インド社会は成り立っていたのです。

この差別思想にかたまったバラモン教をまっ向から批判し、一大精神革命を起こしたのが、お釈迦さまの仏教でした。二度生まれのバラモンは神聖であり、清浄であるが、一度生まれのシュドラは賤しいものであるという通念に挑戦して、お釈迦さまは、

生まれによって賤しい人となるのではない。生まれによってバラモンとなるのではない。行為によって賤しい人ともなり、行為によってバラモンともなる。

一度生まれるものでも、二度生まれるものでも、この世で生きものを害し、生きものに対するあわれみのない人――かれは賤しい人であると知れ。

と、人間の貴賤《きせん》は、人種や血統や身分によって決まるのでなく、ただ行為によって決まる、つまり、どういう生き方をするかによって決まるのだと主張なさいました。そうして、殺さず、盗まず、男女関係を正し、嘘をつかず、酒におぼれないようにいましめ、ひたすら真理に従った正しい修行にはげむために、出家の生活をするようにおすすめになりました。

そんなわけで、出家してお釈迦さまのもとに集まってくる人たちは、バラモン階級出身の人も、王族階級の人も、庶民階級の人も、これまで宗教的、社会的に差別されていた最

下層の奴隷階級の人もみな平等に受け入れられ、平等の条件で修行にはげんだのでした。

仮にバラモン教の考え方にしたがって、人間を賤しく汚れた人と尊く浄らかな人とに分けるとするなら、その区別は生まれによってではなく、行為によって決まるものであるから、「我欲《がよく》をはなれて無我《むが》に生きるよう、心と行為の浄化につとめよう、そうすれば誰でもひとしく悟りを開くことができる、誰でも仏に成れる」とお釈迦さまは説かれたのです。

言い換えますと、「せっかく人間に生まれても、欲や愚かさによって、生死の迷いや苦しみをくり返すだけではむなしい、真実の教えに従った修行によって悟りの世界に生まれかわろう」と、お釈迦さまはあらゆる人びとに呼びかけられたわけです。

ということは、仏教の出現によってはじめて、バラモン教のなかにあった「二度生まれ」の差別性が打ち破られ、「二度生まれ」の深い意味が万人の前に公開されたということではないでしょうか。

ひとたび人間に生まれ、さらに仏の国に生まれる、そこにこそ人間界に生をうけた意義があることを、私も、み教えに遇ってはじめて知らせていただいたのであります。

信を得て浄土に生まれる

残り少なくなりましたが、大切な最後の詰めをしておかなくてはなりません。

「二度生まれ」ということを中心に詰めていきますと、人間が仏になる、人間から仏に生まれ変わるという二度目の生まれは、どうすれば実現できるのかという、実践的な問題が、大きく浮かび上がってきます。じつは、この実践的な問題に取り組み、長い年月、求めぬき悩み抜かれたあげく、明確な道を私たちに示してくださったかたが親鸞聖人であります。

明確な道とは、念仏すなわち「南無阿弥陀仏」という阿弥陀仏の御名《みな》を信じ称えて、仏の国「浄土」に生まれ、阿弥陀仏と同じ悟りを聞かせていただくという道であります。お釈迦さまがすすめられた出家《しゅつけ》の生活ができない、したがって心や行為を浄化するための修行もできない、仮に出家したとしてもそれは形だけで、思ったりしたりしている中身は在家の人とちっとも変わらない、お釈迦さまが在家の人に示された「殺すな」「盗むな」「うそをつくな」など、最少限のいましめさえ守れない自分のような者が救われる道は、念仏の一道しかないと、親鸞聖人は思い定められたのでした。

聖人は、九歳のとき出家して比叡山《ひえいざん》に上り、長らく正統だとされてきた聖道門《しょうどうもん》の仏教に従い、二十年間もの長いあいだ自力修行にはげんで悟りを開こうと努力されたのですが、その結果得られたものは悟りではなく、自分は聖道門の落第坊主でしかなかったというはっきりした自覚でした。しかしこの落第坊主のおかげで、阿弥陀仏の本願他力によって浄土に往生し、仏さまにしていただくことを、疑いなく信じることができたのであります。

考えてみますと、自力の修行にはげんで仏の悟りを開けというお釈迦さまのおすすめでは、すべての人が仏に成れるという可能性を示してくださったことにはなりますが、現実として、自力修行に専念できる出家の生活に入れないものは、仏に成れないことになります。ということは自力修行のおすすめだけでは、「人間が仏に成る」という仏教の「二度生まれ」も、もうひとつ徹底を欠くということにならないでしょうか。

これにたいして阿弥陀仏の大慈悲心《だいじひしん》は、出家者、在家者のちがいはもちろん、老若、男女、賢愚、善悪等を問わず、あらゆる人びとの上におよんでおります。あらゆる人びとが、ひとしく仏に成れる唯一の道が、本願他力による往生《おうじょう》浄土《じょうど》の道であります。仏教の「二度生まれ」は、まず人間に生まれ、さらに弥陀の本願を信じて浄土に生まれさせていただけることによって、徹底することになったわけであります。

「無量寿」のいのち

私たちは、いま、こうして人間として生きています。生まれた以上、かならず死ななければならないという必然性をになないつつ、死を忘れ、死を掩《おお》いかくしながら、つかの間のいのちを楽しもうとしています。死のかげが遠いときにはいのちを粗末にしがち、そして老いや病や人の死に会って、自らの死のかげにおびやかされはじめると、あわてふためきがちです。最後には、楽に死にたい、苦しまずに死にたいという執着が残るのがおちです。けれどもこういう生き方は、ひっきょう「一度生まれ」の人生にしかすぎません。

私たちは、ともすれば、わが身の幸、不幸のみにとらわれて、人間に生まれた喜びを味わず、人間として生きている事実をあたりまえのこととして、いのちを粗末にしがちです。しかしながら、幸、不幸にかかわりなく、人間に生まれたという原事実は無条件にありがたいことであります。なぜならば、人間に生まれさせてもらったからこそ、仏の教えに遇うことができ、仏の教えに遇うことができたからこそ、人生の苦しみや悩みを縁として、生死を超えたみ仏の国に生まれることができるからであります。

仏教は、病んだり老いたりしたときの苦しみを和《やわ》らげたり、死に直面したときの不安をおさえたりするための手段ではありません。気休めの道具ではありません。

仏教は、生死をくり返してきた永い迷いのいのちに終止符を打ち、み仏の「無《む》量寿《りょうじゅ》」のいのちをいただく大事業であります。そのために人間に生まれたことを喜び、感謝し、病苦、老苦、死苦をはじめとする四苦八苦をことごとく、大事業達成のための助縁《じょえん》と味わいながら、人間としてのいのちの果てるそのときまで、一日一日を大切に過ごしたいものです。

そのままうち捨てられておれば、いつまでも卵の殻《から》の中に閉ざされたままにある鳥のいのちが、殻を破ってひなのいのちに転化するのは、卵を抱きかかえて温《あたた》める親鳥のいのちのぬくもりがあるからです。そのように、私たちは永いあいだ、かたい自力の殻に閉じこもってきました。せっかく人間に生まれても、人間知をたのんで仏智を疑いつづけてきました。けれども、そういう私たちをたえず抱きかかえ温めつづけてくださるみ仏のあることを知らねばなりません。

自力疑心の殻が破れて、他力信心のひなが誕生したとき、初めて、仏さまの永いながいはぐくみのお蔭が身にしみてありがたく感じられます。それればかりではありません。ひなと生まれたその日から、また新しく親鳥のお育てをいただいて生かされていることに、深く感謝せずにはいられないのであります。

信心とは何か

「信心」と「安心」

これからあなたと、ほんのしばらくの間ですが、「信心とはどんな心か」について、卒直な話し合いをしてみたいと思います。

「信心」についてむずかしい議論をし合うのではなく、お互いに心を開いて、自分は「信心」をどう理解しているか、自分自身の「信心」はどんなものかを語り合い、たずね合うという感じで進めたいと思います。

まずはじめに、私がなぜ「信心」を取り上げて話し合ってみたいのかを、手短かに述べます。

私は長らく仏教を学び、とくに法然上人、親鸞聖人、蓮如上人と受け継がれてきた浄土真宗によって育てられてまいりました。浄土真宗では「信心」を教えの要《かなめ》においています。

有名な『歎異抄』のはじめに「ただ信心を要《よう》とすと知るべし」とありますし、本願寺八代目の蓮如上人は、『御文章《ごぶんしょう》』（『御文《おふみ》』）の中でズバリ「聖人一流のご勧化《かんげ》のおもむきは、信心をもって本《ほん》とせられ候」とお示しになっておられます。したがいまして浄土真宗では、「信心とはどんな心か」について明確に、しかも、懇切ていねいに、微《び》に入り細《さい》をうがって教示されております。そして、誰にも誤りなく信心が得られるように、こまやかな配慮がなされています。

それをここでくわしく言うことはできませんが、私の実感を通して卒直に心理学的な表現をしてみますと、「信心」とは「まことごころ」であり、「ゆるがぬ心」「こわれぬ心」であり、「澄みきった心」「安らかな心」であると同時に「悦《よろこ》びの湧《わ》きあがる心」「勇《いさ》みたつ心」です。

浄土真宗では、「信心」のことを「安心《あんじん》」と言いならわしております。そうです。「信心」すなわち「安心」です。言いしれない不安感のただようこの時代・社会に生きているこの身に得られる真の安らぎの心、それが「信心」である、というのが私の「信心」についての基本理解です。

とにかく、浄土真宗においては、教えのうえでも体験にも、「信心」の性格、中身がきわめてはっきりしています。

「信心」という言葉の混乱

ところがここで私は、とても気になることが二つあるのです。そのひとつは、世間一般では「信心」という言葉が必ずしも、浄土真宗で言うような明確な意味ではなく、きわめて漠然とした意味に使われており、そのために「信心」という「心」の中身にまで大混乱が起きていることです。言い換えますと、浄土真宗において、厳密な意味で用いている「信心」という言葉と、誰もが日常生活のなかで何気なく使っている「信心」という言葉が、同一の言葉であるために、「信心とはどんな心か」と、あらためて自分に問いなおし、また人と話し合ってみると、濃い霧のなかに入ったように、何が何だかわからなくなってしまうということがよく起こるんです。その辺のところを、少なくとも誰でも納得できる程度には、はっきりさせる必要があるのではないかと思います。

もう一つ気になることというのは、「信心が肝要」と強調している浄土真宗に所属している人たちのなかでさえ、このごろは、「信心」がひどくおろそかにされていることです。先ほども言いましたように、浄土真宗の教えのうえでは「信心とはどういう心か」ということは、懇切ていねいに解明されております。それは真宗の教えをよく研究した学者や僧侶がた、また真宗の教えをよくよく聞いたお同行《どうぎょう》がたならよくよくご承知のはずです。

けれども現実には、その教えに示されたような「信心」に自分の心がなっているかと自問したり、自問から生まれる心境や疑問を卒直に師や友に打ちあけたり、また、一つの「信心」のいただきようやありようをたずねたりすることは、非常に少なくなってきているのではないでしょうか。その結果、真宗の教えが真宗信者に徹底せず、たてまえは真宗の信者であっても、その内実はいっこうに「信心＝安心」になっていないということがあるのではないか、そのあたりがどうも気になるのです。

そこでまず最初の「信心」という言葉をめぐる混乱について、少し整理を試みてみたいと思います。

順序として「信じる」という言葉から考えていきましょう。「信じる」という言葉はいつでも誰でも口にする、ごく一般的な言葉で、名詞にすると「信」という一字になりますが、「信用」「信頼」というふうに使うときの「信じる」と、「信心」「信仰心」などと言うときの、「信じる」とでは、少し意味がちがいますね。前のほうの「信用」や「信頼」と言うときの、「信じる」は、人間どうしのあいだで生まれる「信じる」で、円滑な人間生活を送るうえに欠かせない心であることは言うまでもありません。

これにたいして「信心」や「信仰（心）」は、人間を超えた何かを信じる心を指しているようです。信じる側の人間の心を「信心」と言い表すなら、人間によって信じられるものは、信心の「対象」という言葉によって言い表せましょう。信心の対象は、人間の頭、知力ではつかめない、あるいは人間の力を超えたふしぎな、霊妙な、神秘的な何ものかです。そこが「信用」や「信頼」との違いでしょう。

さて信心の「対象」は、一般的に言えば、神や仏、あるいは神や仏の教えということになりますが、世にあるさまざまな宗教が、それぞれ独自の神や仏を立てたり、神や仏についての教えを説いていますから複雑です。ごく大ざっぱに言って、同じ「神」という言葉を使っていても、キリスト教で信奉する一つの神と、キリスト教以外の日本の神々とは全然ちがった神です。また、仏教の「仏」はキリストの神とも八百万《やおよろず》の神とも、まったく性格を異《こと》にしています。けれどもわが国では往々にして、「神や仏」と両者の区別を立てずにひとくくりにして扱われることがあります。そうかと思うと、神とも名づけられず仏とも言えない雑多なものが、信心の対象としてありがたがられたり、おそれられたり、敬われたりしています。

さらに言いますと、「私は神とか仏とか、あるいはそれに類する非合理的なものはいっさい信じない」と、きっぱり言いきられる無宗教、もしくは無神論の立場のかたがいらっしゃいます。また、そのように宗教をはっきり否定するわけではないが、だからといって特定の宗教を信じるわけでもないという、なんだかあいまいな感じのところにおられるかたも少なくないように思います。それから近ごろの若いかたを中心として、既存の特定宗派の教えや儀礼には惹《ひ》かれないが、占《うらな》いや易やオカルトや霊力・霊界な超常現象や神秘現象にはつよい興味をもったり、簡単に信じこんだりする人がふえているようです。

「信教の自由」の保障

こうなると、どこまでを「宗教」の範囲に入れて考えたらいいのか、よくわからなくなってきますし、また、「信心」と言われる心もどういう心か曖昧模糊《あいまいもこ》としてまいります。かねてから宗教については、「真宗教」と「類似宗教」という分け方がされたり、信心については、「正信」と「迷信」「妄信」「邪信」と分けて考えられることがありました。しかし、それでは宗教の「真」と「類似」とはどこで区別するのか、信心の「正」と「迷」「妄」「邪」とを分ける基準は何かというふうに詰めていくと、誰でも納得できるような答えがなかなかすっきりとは出てまいりません。

けっきょく、熱心な宗教信者は、自分の信じている宗教がほんとうの宗教だという思いをかためて、他宗教を攻撃したり排斥したりする態度に陥《おちい》りがちです。しかしそういう態度を好まない多くの人は、宗教の教えや信心の対象については、良いも悪いもないのであって、信じる人がそれで満足したり安心しておればそれでいいではないか。人の信心を他人が外から、「迷信」だとか「邪信」だとか言って批判するのは無意味ではないかという考えに傾きます。

この考えは確かに、私たちが大事にしなければならない考え方の一面を言いあてています。現代社会においては「信教の自由」がぜったいに尊重され保障されなければならないからです。個人が何を信じようと信じまいと、それはその個人の自由と責任にゆだねられる。その自由や責任を国家権力や他人が踏みにじるようなことがあってはならない。この原則は思想・良心・表現の自由とも密接に結びつく、人間の精神生活にとって基本的に重要な憲法原則です。「信教の自由」という約束のなかでこそ、私たちは精神生活を深めていくことができるのですから。

暮らしに即して平たく申しますと、人が感じ、考え、信じていること、つまり精神生活は、お互いに最大限に尊重し合わなければならない、頭から否定したり抑圧したりするようなことがあってはならないということでしょう。現代の私たちの精神生活は「信教の自由」の保障によって守られていることを喜びをもって自覚し、この「信教の自由」原則の重要性は、長い歴史の試練を経て人間が学びとった貴重な知恵であることを常に忘れないようにしたいと思います。

「信教の自由」を尊重するということになりますと、世の中にさまざまな形で存在する宗教、もう少し詳《くわ》しく言うと、教団や教義のような宗教現象や、信心や信仰のような宗教心理現象を、良いとか悪いとか、正だとか妄だとかの価値判断をいったんすてて、公平に客観的に理解する必要性が高まってまいります。そういう立場に立って宗教を研究する学問を「宗教学」と言いますが、特定の宗教の立場に立つ者、特定の信仰心をいただいている人が、他宗教や異なった信心に生きる人をできるだけ正確に理解し合うためには、宗教学の知識は、今後ますます必要になってくるように思われます。

だんだんむずかしい話になってしまったようで恐縮ですが、要するに、誰が何を信じようと、どんな教えであろうと、それはそれとして認め理解し合うことが、現代の宗教にとっては基本的に大切なことだと言いたかったのです。

「宗教」を考えよう

ところが宗教や信心の問題は、こういう一面だけにとどまっているわけにはまいりません。宗教や信心や信者を外にながめる、あるいは他人ごととして見るだけではなく、そこへ「自分」というものを入れて、自分はどういう理由で、どの宗教を信じるか、何をどのように信じれば、心が安らぐかという立場に立ちますと、宗教の中身を問いつつ、また自らの心を深く掘りさげながら、「求め」「選ぶ」ということが避けられなくなってまいります。信じる側の自分の心と照らし合わせつつ、信じる対象の性格をたずね、その確かさを見きわめていくということをせずにはおれなくなります。ということになりますと、世にはさまざまな宗教があり信心があるという一般論ではすまされなくなります。

先ほど触れました宗教学では、日本の宗教を、長い伝統をもつ既成の「(旧)宗教」、明治以降、近いところでは戦後に生まれた「新宗教」、ごく最近になって盛んになってきた「新・新宗教」と、発生順序によって手ぎわよく整理してみせてくれています。知識としてはとてもわかりやすいのですが、主体的な求めの立場からの、「本質的に宗教とは何か」という問いかけには何も答えてくれません。そればかりか、はっきりした教えを説く宗教ばかりでなく、とにかく合理的に説明のつかないものをめぐるさまざまないとなみ一切合切を、「宗教」という言葉のなかにひっくるめてしまっているものですから、何が宗教やら宗教でないやら、さっぱりぼやけてしまっています。

また信じる「心」のほうも、「信心」という使い古された言葉のほかに、「信仰（心）」「宗教心」「宗教意識」など新しい表現がとられるようになってきています。しかし、それで信じる心の中身がはっきりしてきているわけではありません。むしろその逆でしょう。

よく、「現代人の宗教」というテーマが取り上げられますが、こういう取り上げ方でどこまで論じてみても一般論の域を出ません。いま私たちが問題にしようとしているのは、現代人である「あなた」「わたし」が、お互いにそれぞれの「宗教心」はどんなものかを、吟味し合おうとしているのです。そういう立場から、ここでちょっとあなたに聞いてみましょう。

先ほどあげた時代別「宗教」の三分類から見ると、あなたはどの宗教にいちばん深くかかわっていますか。

まず、(旧)宗教にもっとも親しいかたに聞きましょう。あなたはその宗教を信じていますか。古くからの宗派中心の宗教は、江戸時代の檀家制度のなかをくぐってきていますから、いわば「家の宗教」になっています。「あなたの宗教はなんですか」と聞かれると、「うちの宗教は何々教(または何々宗)です」と答える日本人を、とくにキリスト教圏の外国人は異様に感じるという話をよく耳にします。「うちでなくあなたの信じている宗教を聞いてるのです」とたたみかけられると、「いや、別にわたしはどの宗教を信じているわけでもありません」とあわてて、あるいは誇らしげに答える若い日本人に会って驚いたというアメリカ紳士の言葉を、複雑な気持ちで聞いたことがあります。

このごろでは、うちの宗教の名さえよく知らないかたが、若い世代にどんどんふえているのではないでしょうか。そして身内や近親者の葬式、法事のときになってようやく、その宗教に、やっと儀礼的、習慣的にかかわっていく。けれども宗教心を育てるその宗教の教えについては、ほとんど関心も知識もないということが多いのではないでしょうか。

もちろん伝統的な宗教とのご縁が深く、その教えに忠実に従いながら、豊かな精神生活を送っておられるかたも多くおられることでしょう。あなたがそうだとしたら、あなたの信心、もしくは信仰もしくは宗教心はどのようなものか、じっくりと承《うけたまわ》ってみたい気がします。

次は、明治以降、近くは戦後に誕生して、急速に教団の形をととのえてきた新宗教に所属しておられるかたです。このかたは、祖父母、両親、近親者、もしくはご自身が何らかのご縁――よく言われるのは、貧苦、病気、不和、心労など家庭や身の上の不如意《ふにょい》――によって、家の宗教をすてて転宗されたかたが多数を占めるでしょう。したがって、その教えと信心とが比較的よくマッチして、熱心な、もしくは敬虔《けいけん》な信仰生活を送っておられるものと想像できます。

第三の宗教はいわゆる新・新宗教に惹《ひ》かれて、積極的にかかわっている人です。たぶん、古くからの宗教や新宗教にはない新鮮な魅力がそこにはあるのでしょう。また日常、家庭や職場やその他の人間関係のなかで感じる悩みや寂しさやつらさ、不平や不満といった満たされない感情がそこでは満たされ、生きいきした張り合いが感じられるのでしょう。「理屈ではなくフィーリングなんです。合理的に説明がつくつかぬはどうでもいいんです。むしろ理屈づめの日常生活のなかでは得られない不思議なことが起こってくる、そこに惹かれる。ただそれだけなんです」、そんな声が聞こえてきそうです。そういうものだとしたら、これもほんとうに宗教とか信心というものなのでしょうか。

日本人の宗教心

ここで、ウルリッヒ・デーンさんの「外国人の目から見た日本の宗教」という記事をちょっと紹介しましょう。

日本が「多宗教」の国だと聞き、そのつもりで来日した人たちは、まず、次のような印象を受けるに違いない。「本当にいくつもの宗教があるのだろうか。一つだけではないのか。」神社も仏閣も建築様式は似ているし、結婚式や葬式など儀式での使われ方でも区別がつきにくい。また教義の面でもお互いに影響を与え合っているので、外国人の目から見ると、神道、仏教、儒教、道教など混然一体になった「日本教《にほんきょう》」があるだけのように思える。日本の各家庭では、それぞれが長いこと継承してきた宗教的な習慣にはこだわるものの、お寺や神社に寄り集って共通の祈《いの》りを捧《ささ》げたり、自分と違う宗派の寺に集ったりすることをさほど気にしないようだ。西欧ではキリスト教の伝統になじんでいる外国人にとっては、この点はいささか理解がむずかしい。

（ジャパン・アルマナック　一九九三年版）

こう述べたのち、デーンさんは「日本教」の本質を「祖先崇拝《そせんすうはい》」に見てとっているのですが、これは「アタリ！」ですね。私たち日本人は無意識の底に沈んでいるためにはっきり気づいていませんが、旧宗教、新宗教、新・新宗教の区別を越えて、日本人に共通しているのは、先祖《せんぞ》の霊《れい》（もしくは死者の霊）を崇拝する心のようです。そういう点から見ますと、日本国内ではいろんな宗教が乱立しているように見えますが、どの宗教・宗派の人にとっても、先祖をうやまう心を何よりも大切にするという点では、あまり違いがありません。その共通点を押さえて外国人は「日本教」という印象をもってしまうのでしょう。

戦後アメリカに、東洋各地からの仏教が大きな勢いで流れ込み、生き生きした活動を展開しています。日本の仏教各派もおよそ百年前から進出して開教に努力していますが、あまり高い評価を受けていません。日本から来た仏教は、仏教というよりも、日系米人のための日本教と言うほうがふさわしいと論断した本に出会って、私は深く考えこまされました。

どうも日本人の信心、宗教心は、宗教の教えを信奉する心というよりも、先祖の霊をはじめとするさまざまな霊を頼る心ではないでしょうか。仏とは何か、神とは何か、そんなむずかしいことはどうでもよくて、仏さまも神さまもご先祖さま亡《な》くなった人も、けっきょくは私たちの生活を護《まも》ってくれる霊だと信じているかのようです。

ご霊前《れいぜん》に日々の無事を祈願し、あるいはその加護《かご》を感謝し、その罰《ばつ》やたたりを恐れて身をつつしみ、ときには鎮《しず》めや慰《なぐさ》めの行事を行う。そういうとなみをおろそかにしないようたしなむことが信心深い生活であり、たしなみによって平穏な暮らしがたもてる。だからたしなみを怠《おこた》るとなんとなく気色《きしょく》が悪いと感じる。まあ、そういった感じで生きているのが、多くの日本人の信仰生活ということになりましょうか。

ただ一つの神を信じることのよって心の平安を得るという、キリスト教信者の信心とはだいぶ様子がちがいます。

各宗教団体が自発的に提出する数字を収めた文化庁の「宗教年鑑」によりますと、各宗教団体の信者総数は二億千七百万人を超え、総人口の二倍近い数字となっています。これは日本人が複数の宗教団体に属し、複数の神や仏を信じてあやしまない、いわゆる「重層信仰」(シンクレティズム)という特色を示す例です。こういう面から見ると、日本人はすごく信心深いと言えそうです。

ところが再々行われる大規模な「日本人の宗教意識」調査によりますと、だいたい八割の人が宗教の大切さを認めているのに、その人たちの二割しか自覚的な信仰生活を送っていないという結果が出ています。この傾向はいつの調査でもあまり変わらないことから見て、日本人は宗教的な国民ではないと判断する人もいます。

日本人は宗教的なのかそうでないのか、信心深いのか浅いのか、いったいどちらなのでしょう。いろいろ意見が分かれるところでしょうが、一般論はさておき、一人ひとりの問題として考えると、どういうことになりましょうか。「うーん、はっきりした信仰をもっているわけではないが、不信心かと言われるとそうでもないしなあ」と告白した人がいましたが、さて、あなたの宗教心、信心はどんなものですか。

「日本教」の落とし穴

いよいよ最後になりました。はじめに私は親鸞聖人によって明らかにされた浄土真宗によって育てられてきたこと、浄土真宗による「信心」は「まことごころ」であり、壊《こわ》れることなくしかも躍動する。真に安らかな心であると申しました。これではまったく言葉が足りず、真宗信心の一部しか表現していませんが、信心とはどんな心かというと、「信心は安心《あんじん》」であって、不安の現れでもなく、安心を求める心でもないという言い方をここではして、所見を述べてみたいと思います。

心の面から言いますと、私たち人間はほんとうの安らぎ、深い安らぎを求めて生きていると言えます。これを裏返して言えば、私たちはいつも不安にさらされ、不安におびえながら生きているということです。不安にも健康上の不安、経済的不安、社会不安などいろいろありますが、それらをひっくるめて根本にあるのは、死に向かって生きていかざるをえない「生」そのものの不安、人間として生きていること自体の不安です。その根本不安はどこから来るのか、それをどうすればいいのかを、悟りの智慧《ちえ》で突きとめて明らかに示してくれたのが釈尊の教え、仏教です。

その教えによりますと、根本不安は、この無常の世にありながら無常にさからい、あらゆるものは無我《むが》なのに我《が》に執着してやまない「我執《がしゅう》」の愚《おろ》かさに由来しています。我執の根は私たちの思いがおよばぬほど深く、その愚かさは頭が悪いといったレベルの愚かさでなく、この身に根ざした愚かさなので、知的な反省や訓練では克服できません。

根本不安を克服するためには、身にかけた実践つまり「修行《しゅぎょう》」が必要であり、修行が完成して悟りが開け、根本不安がなくなった境地、大安心の世界を「涅槃《ねはん》」と言います。我執の克服を教えないような宗教、涅槃を目指さないような実践（修行）、体験、あるいは信心は、人を決して真の安らぎに導かないと仏教は明瞭に説くのです。

仏教に従って考えますと、ずっと見てきましたような「日本教」的な信心は、真の心の安らぎとは言えず、かえって我執や欲望の達成をおびやかされる不安から逃れようとする、はかない努力にすぎないということになります。

「日本教」的な信心は、平穏無事な日が続くかぎりは報恩感謝の心として安定しているのですが、反転して逆境が訪れると、信心によって災《わざわ》いを除き福を招《よ》びこもうとする心に変わりやすいのです。その心は神でも仏でも霊でも何でも利用して、現世の利益を追求しようという、あくなき我執の心に根ざしていますから、宗教的な聖なる心とはまったく逆の、じつに醜悪な心なのですが、仏の教えに照らされないかぎり、その心そのものにまでメスを入れ、転換をはかれることはありません。漠然たる信心であれ熱烈な信心であれ、信心によって、信心の対象から物理的、精神的利益を引き出そうとする信心は、本質として不安な心の反映と言わざるをえません。

親鸞聖人の信心

さて、仏教の悟りの世界を求めるには、教えを知的に学んだり理解したりするだけでなく、教えを信じ教えに従って修行しなければなりません。実践なくして悟りの体験も自覚も得られないからです。仏教各派に所属する僧侶がたや信者がたの信心とはどんなものなのでしょうか。

教えを信じて修行して悟ってということですが、「信じること」「修行すること」「悟ること」のつながりはどうなっているのでしょうか。どういう大安心の境地がどのように開けているのでしょうか。ぜひうかがってみたいものです。どうも自力修行をむねとする仏教各派では、祖師がたの教えがそのまま生きていない、檀家や信者のところまでいくと、仏教の精神、祖師がたの教えとは似ても似つかぬ「日本教」的な信心や習慣にすりかわってしまっているように見えます。しかしこれは私の一般的な印象ですから、ほんとうのところは一人ひとりに聞いてみるしかありません。

浄土真宗では、信心の対象、礼拝《らいはい》の対象をきびしく阿弥陀仏一仏に限定しています。阿弥陀仏の私にかけられた本願は、姿に表せば、「信じよ、必ず救う」と立ち上がって私に呼びかけたもう立ち姿、文字に表せば「阿弥陀仏に南無せよ」という呼び声の六字名号《ろくじみようごう》、私の口を通して出るのは、「南無阿弥陀仏」の称名《しようみよう》念仏、称名をうながす心は、自力をすてて阿弥陀仏の本願力に帰した念仏の信心とすっきりしています。

真宗では本山の阿弥陀堂も、地方の寺院も、各戸の仏壇も、また信者の胸中も、そのご本尊は一貫して「南無阿弥陀仏」です。これは、その教えの本質と信心の本質の一貫性を明示するものとして、たいへんありがたく思われます。真宗以外の寺院には、性格の異なったさまざまの仏像が安置されていて、仏の本願と礼拝者の信心との関係がはっきりしないきらいがあります。つまり、どの仏さまのお心が、私の心とどういうふうにかかわるのかよくわからない、したがって「信心」の純一性、安定性が妨《さまた》げられてしまうのではないでしょうか。

真宗では、弥陀一仏を信心の「対象」にするというふうに一応表現しましたが、「信心」と「対象」とは離ればなれではなくて一体なのです。もう少し正確に言うと信じる力も修行する力もない無力な私、したがって仏の悟りを開く可能性のとだえた私を救うために、阿弥陀仏は仏としての力を結集して、私の称《とな》えやすく信じやすい「南無阿弥陀仏」となってくださったのです。ですから私が「南無阿弥陀仏」を信じ、「南無阿弥陀仏」と称えることができるようになったのは、まったく仏の力、弥陀の本願力によるものと言うほかはありません。

真宗の「信心」はすなわち「安心《あんじん》」であり「まことごころ」だと言いきれるのは、その心が「南無阿弥陀仏」であり、仏の真実心そのものだからなのであります。浄土真宗にご縁のあつい人も、このお救いの道理を疑いなく受けとることが容易ではない。したがって信心が定まらない。「安心決定《あんじんけつじょう》」とならない。それで、信じているようないないような、救《たす》けられているようないないような不安定な心境にとどまったまま日を過ごしてしまいがちです。そこを越えるのが真宗における聞法《もんぽう》の要だと私はいただいています。

真宗には「仏法は聴聞《ちょうもん》にきわまる」とか、漫然と聞かないで「かど」を聞けというおさとしがあります。「かど」を聞けば、悪重く、苦悩にさいなまれ、底なしの不安におびえつつ空《みな》しく生きる愚かな自分が知らされます。と同時に、念仏は、悟りも知らず、修行もできず、信じきる心もない私に与えられた、み仏の真実心であることを心底から知らされ、心が安らぎます。

「かど」が聞けて信心が定まり、大安心が得られるとそれで終わりと腰をおろせるものではなく、かえってそこから立ち上がって、ますます深く弥陀の本願の広大無辺であることを聞いていかずにはおれない。それが「仏法は聴聞にきわまる」ということではないでしょうか。

カウンセリングと仏教

仏教とは何か

カウンセリングと仏教の二つに共通するものは何かといえば、「人間が苦しみ悩みながら生きて行く、それに対する解答、解決策である」と言えます。

まず「仏教」ですが、一般に仏教という名で呼ばれている雑多な現象に眼をうばわれていますと、まったく混沌としていて、何が本当の仏教かわからなくなります。しかし、仏教の本質は何かということをたずねてまいりますと、意外とわかりやすいのではないでしょうか。

昔から、仏教とは何かについて、いろいろな言い表し方がありますが、今日のテーマに関与したものとしては、「転迷開悟《てんめいかいご》」「抜苦与楽《ばっくよらく》」の教えというのがあります。「抜苦与楽」とは、私たち一人ひとりの苦しみの根を抜いて、本当の楽《らく》――今日は楽しかったけれど、明日は壊《こわ》れてしまうようなものではなく――を与えるものが仏教だということです。

苦を抜くためには、苦しみとは何で、その原因は何かをはっきりさせなくてはなりません。その点についても、仏教は微に入り細にいたって、教えが組み立てられています。棘《とげ》を抜けば痛みという苦しみは、なくなって楽になります。ですから「抜苦」と「与楽」は裏表の関係です。人間の苦しみは、迷いと関係があります。ですから迷いの状態から、悟りの状態に導いてくれるのが仏教であるとも言えます。それが「転迷開悟」です。そうしますと、悟りの世界が、本当の楽の世界であるということになります。そういうことを教え、そういう境地に導いてくれるのが、仏教の本質であります。

仏教は形を変え、様相を変えて発達してきました。けれども、以上のような本質を失ってしまえば、仏教のように見えていても仏教ではありませんし、逆に外から見れば、およそ仏教らしくなくても、本質を保っていれば、それは、仏教であると言ってよいかと思います。「私は仏教徒である」と思っておられるかたで、そんな実感はないと言われるのであれば、それは自分の求め方、あるいは修行が十分ではないか、さもなければ、仏教でないものを仏教と誤っているかのどちらかだろうと思います。

カウンセリングとは

こんどは、「カウンセリング」に関してお話しいたします。カウンセリングを一口で言えば「心の相談、助言」と申せます。ところが、だんだん心のはたらきの研究がすすんでまいりますと、人間の悩みというものは、「こうしてはどうですか」「ああしてはどうですか」と人が助言をしてみても、必ずしもそれが解決にはならない、ということがわかってきました。助言を受けても、「それはよくわかるのですが、だけど……」というかたが多い。人間とは厄介なもので、頭ではわかっていても心の底に「けど」というすっきりしない何かがわだかまっている。この「けど」をどうしたらいいのかが問題になります。そのところを深く掘り下げた専門分野が、カウンセリングであると定義できましょう。

カウンセリングは実際に向き合って、相手からお話を聴きながら、相談をしていく形をとります。ですから、週刊誌等の紙上相談などは、カウンセリングとは言いません。カウンセリングのお隣に、心理学者が「心理療法」と呼び、精神科医は「精神療法」という「サイコセラピー」(psychotherapy)があります。今日のところは、「カウンセリング」は「サイコセラピー」もふくむ分野と考えてください。ともに、悩みや苦しみから立ち直ろう、さらに積極的に言うならば、今日よりも明日がもっと生き生きと生きられるように、専門家の相談を受けることです。

饅頭からドーナツへ

しかし、日本では、仏教とカウンセリングの二つが出会うのはむずかしいのです。なぜそうなのかということを、次に申しあげます。

喩《たと》えて「饅頭《まんじゅう》からドーナツへ」というお話です。饅頭の真ん中を打ち抜くとドーナツになります。どうも本来饅頭のようであった仏教が、日本ではドーナツになってしまったのではないでしょうか。ドーナツになっているかぎりは、うまくカウンセリングと出会えない。中心であるアンコの部分の「悟り・楽・信心」、言い換えれば、仏教的自覚あるいは宗教的体験が抜け落ちてしまっているからです。

そもそも仏教を開かれた釈尊は、自ら生老病死の苦しみを超えて、悟りを開き、仏陀になられたわけです。私が思うには、宗教とは、個人個人の体験・自覚が根本であろうと思います。悟りを本質とする体験・自覚をもって、生き生きと生きるということが仏教にとっても根本的に大事なことであると思います。一般に個人の体験というものは、その人の死とともに消えていくものです。けれども不思議なことに、仏教の体験というものはそういうことにとどまりません。いやしくも本当の仏教体験であるならば、それを人にも分け与えずにはおれなくなる。決して、おいしいものを独り占めするようなものではありません。

釈尊が三十五歳でお悟りを開かれたとき、しばらく、しみじみ悟りの喜びをかみしめながら座っておられましたが、しばらくして、悟りを広めるか、それとも自分だけの喜びとして心の中にしまっておくかという悩みが出てきたのです。そのあげく、結局、伝道に踏みきられました。八十年のご一生の後半四十五年は、毎日毎日が伝道の生活でありました。

このことからもわかりますように、仏教の体験は人の悩みに向かって動いていかざるをえないという性格をもっております。これを違った表現でしますと、悟りの智慧《ちえ》（般若《はんにゃ》）はじっとしていないで動き出すということです。そして動いてやまない智慧のことを慈悲と言います。慈悲というのは、自分を捨ててでも人の苦しみのなかに入って救おうとする心のはたらきです。人の苦しみのなかに入るけれども、共倒れになってはいけません。本質――悟りの智慧――は失わずにキチッとしている、けれども固定しているのではなく動いている。そういう姿が、仏教の智慧と慈悲の関係です。

話がそれましたので、戻します。仏教はアンコたっぷりだったものが、次第に皮がついてきた。なぜかと申しますと、心の中にある体験や自覚は言葉によって表現されますと、言葉の世界に固定されてしまいます。それが教えです。あとの者は言葉を見ながら教えを理解しようとしますが、時が経つほどよくわからない意味が出てまります。そこで次々と新たな言葉で教えを解釈し、それが次第にふくらんで膨大な仏教の経典、教学が出てきました。また、同じような道を歩む者がグループを組んで共同生活をいたします。僧侶《そうりょ》、教団というものです。教団ができるとお寺が建ち、生活規則が創られます。ということは、だんだん皮ができ、皮によって中身を守るようになるということです。

これは、やむをえません。仏教だけではなく、どのような宗教も同じような道をたどるものだと思います。皮ばかりが厚くなって、アンコが抜けていき、あげくのはてはドーナツみたいになって、宗教も滅んでいくことになります。そうすると、これではいけないと反省と復興が図られます。日本でいえば、奈良仏教、平安仏教、鎌倉仏教と三つの皮があります。いまはどういう時代でしょう？　皆さんでお考えください。

日本仏教のドーナツ化

私が日本仏教はドーナツ化していると思っていることについて、簡単にお話しいたします。まず「伽藍《がらん》仏教」。たとえば東大寺、興福寺、比叡山は歴史も古く大きな伽藍をもっています。大きな伽藍ができれば御仏像――いまで言えば美術品として見られる――が造られます。そういったところでは、伽藍の保持とそれらを見せる観光に比重が占められているようです。

また現在、仏教は「葬式仏教」などと悪口を言われます。言われてもしかたがない面があります。というのは、仏教の儀式や儀礼は、だれか身内の者が亡くなったりした時点から始められるように、死者を縁として行われることが多い。ですから、仏教は死と強く結びついたイメージをもって民衆の間に入り込んでしまい、元気な間や、死が遠い間は関係がないというかたちになって、若い者たちからうとんぜられてしまっています。

けれども若い人たちにも人気のあるもの、それは「祈禱仏教」です。簡単に言えばまじない、占い、お祈りなどのかたちで気色《きしょく》の悪いものは遠ざけて、福を呼ぼうとする。お願いしたら願望をかなえてくれる、そういったものを仏さまだと思い込んでいる。こういう種類の宗教は、人間に不安や願いごとがあるかぎり、どんどんかたちを変えて、いつの世も民衆の心をとらえていきます。

これらの仏教の実情を見て、もっと科学的にキチンと仏教を研究しなければならないという気運が、明治以降盛んになりました。大学で仏教を研究することが、次第に盛んになってきました。これを、「学問仏教」と言います。概して学者先生は、従来の仏教の在り方には批判的で冷たい。「日本印度学仏教学会」は活発で、たいへんな数の研究論文が年々発表されます。ところが、日本は仏数学が栄えて、仏教が衰える国ではないかと言われだしております。どうしてそうなるかというと、学問は経典を目の前において、客観的、科学的、対象的に研究することです。そういう方法では、本来仏教が明らかにしてきた

「心」はとらえられないし、また、現在仏教に求められている「主体としての心の問題」にも応えられない。科学の性格そのものに問題があると言えます。

もちろん人には、老若男女にかかわらず、それぞれさまざまな願望があります。人びとの仏教にたいする願いに応えて、伽藍仏教であれ儀礼仏教であれ、また学問仏教であれ、それぞれに栄えているのでしょう。しかし仏教にとってそれらはあくまで饅頭の皮であり、あるいは中心の抜けたドーナッツです。中心となる心の安楽、悟りはどうなのでしょうか？心理学、カウンセリングはそこを問題にするのですから、饅頭のアンコのところがなくては仏教とカウンセリングは出会いようもありません。現在ある仏教は、それぞれにそれなりの存在の意義はあるわけですから、それぞれの仏教の立場を縁として、中心のアンコを豊かにしていくということが大切だと思います。

心理療法の四つの流れ

さて、ここでカウンセリングについてお話しいたしましょう。昔のカウンセリングは人の悩みを聞いて助言を与えること――指示療法――に中心があったのですが、昭和三十年代から流れが変わってきました。アメリカのロジャーズという人が、人間は一人ひとりの自発性、自主性、あるいは内発力といった自分らしさを、生き生きと伸ばしたがっている存在であって、他人の指示によっては、人間の本当の悩みも解けないし、本来の力も発揮できない。心が悩み苦しむのは、自発的な生命力を阻害するものが内に外に満ち満ちていて、それに打ちひしがれるからだと考えました。ですから、その持ち前の生命力を大事にし、促進することが、カウンセリングであると打ち出したのです。

現在、心理療法の流れは四つあります。一つはフロイドの考えた「精神分析」です。人間の心は意識のさらに奥に潜在意識というものがあって、これが人間の悩みを生み出すのだから、ここに踏み込まねば悩みは解消できないという療法です。

二つ目は「行動療法」です。これは、心は見えないが、心の表れである行動は見ることができる。行動に現れた症状を治す療法です。

第三は、先ほど言ったロジャースなどの唱えた「人間性心理学」です。これは、第一、第二の立場に少し批判的です。なぜかと申しますと、精神分析は、その専門家になるには膨大な時間が必要です。また、治療には永い時間と多くの費用がいります。そして、心の病を治療するために患者の過去を分析することに重点を置きます。それにたいして、人間性心理学は、病んだ心よりももっと健康な心を、そして過去の心よりも、いまの心を重視いたします。また、行動療法では、行動を治すには活癒の方向に向く刺激を、外部から与えていけばよいという考えをとります。ですから、これは心を深く見たものではないし、さらに言えば、このような研究がすすめば、巨大な権力によって、民衆を洗脳する道具として利用される危険性がないとは言えません。

この二つの流れに対して、人間心理学の立場は、かけがえのない個性をもっていまここで生きている人間そのものを徹底的に尊重し、心の病んだ部分だけの治療ではなく、人間性全体の積極的な成長や開発をうながすことのほうが大事であると考えます。日本で主流をなしているのは、この第三の人間性心理学です。

ところが、ここ十四、五年の間に、第四の流れが出てきました。それを、トランスパーソナル（transpersonal——超個）心理学と言います。ここにいたりますと、心理学、宗教、科学などの既成分野の垣根をとっぱらってしまっています。心を個人の中のものとして局限して見るだけでなく、個人を越えたもっとひろく深いものとしてとらえずにはおれないというところまで、西洋心理学の流れは来ています。

ところが、このような流れをみて振り返ってみると、仏教では、科学的心理学は発展しませんでした。しかし、ことトランスパーソナルの提唱する心のいちばん深みにまでいたって、心の苦しみの根を抜くという意味では、すでに仏教に代表される東洋の宗教や思想は、西洋のカウンセリングや心理療法よりはるかに着実で豊かな実績を残してきたのではないかと、考えられるようになってきました。

ですから、形骸化しつつある仏教が、あらゆる既成の概念や慣習を打ち破り、いま一度原点に立ちもどり、仏教の本質を深く体験的・自覚的にとらえなおす絶好の時機が到来していると思います。人間の心の問題に実践的に応えようとして発展してきたカウンセリングの大きな流れのなかに、仏教を正しく位置づけることによって、仏教は、現代、さらには二十一世紀に向けて本領を発揮できるのではないかと、ひそかに考えている次第であります。

仏教本来のあり方に帰る

真言宗は即身成仏、禅宗は見性成仏、真宗は念仏成仏などと、それぞれ道は違っても仏教の目的は一つです。「迷いを転じて悟りを開く」（成仏）ということです。このことからはずれれば仏教ではなく、それはまた仏教の衰退の原因になるのです。現代の日本では成仏するというと「くたばった」という意味にしか使われておりません。非常に不幸なことですが、私はそれを本来の目的をなくした仏教のドーナツ化現象と言い、そのような仏教ではカウンセリングと出会えるはずがない、と先に申したのでした。「迷いを転じて悟りを開く」「苦を抜いて楽を与える」という仏教本来のあり方に帰ろうとするとき、はじめてカウンセリングとの深い出会いが問題になるのです。

さて、カウンセリングの流れには、

一　行動療法　（ワトソン、スキナー）
二　精神分析　（フロイト）
三　人間性心理学　（マズロー、ロジャーズ）
四　超個心理学　（ウィルバー、グロフ）

があり、西洋に発した考え方ではあるが、第三、第四の流れにいたってますます本来の仏教の考え方に近くなってきていると、ここまで述べさせてもらいました。

第三、第四の流れは、最近アメリカを中心として、東洋的人間観、自然観の影響を強く受けながら次第にカウンセリングや心理療法の主流になってきています。その背景には、たとえば次のような深刻な事情があります。

西洋の考え方の混乱

西洋では人間のことを被造物（creature）、神が造ったものと言います。神と人間と動物は整然と区別されています。キリスト教では、宗教で救われると言っても、神になるとは言いません。人間と神は理性によって繋がっているが、動物とは一線を画しているというのが、西洋の考え方の基本でした。

ところが、近代になって科学が発達し、ダーウィンの進化論によって、人間は動物の一種が進化したものだという見方になったものですから、伝統的な人間観の基本が崩れてしまいました。かといって、科学的見方にも徹しきれないところに混乱が起こり、問題が生まれてきたのです。

たとえば、「人間も動物ならば、人間が人間の肉を食って何が悪い」と言われたとき、「人間は違うのだ」というものがあるでしょう。しかし、そう言える根拠をどこに求めるか。つまり、人間はどういう方向に生きていくのが本当に人間らしいのかという問いにたいする答えは、ダーウィンの進化論からは出てきません。それはやはり、科学ではなくて哲学、宗教に求めざるをえない。そういうふうに科学的人間観と哲学的・宗教的人間観とが分裂してしまっている、そこに西洋の考え方の混乱が見てとれます。

日本のカウンセリングの動向

ところが、仏教はこれらと全然違った見方をするわけです。動物を含めて人間を「衆生《しゅじょう》」と言います。生きとし生けるものとしては、動物と人間を差別していません。それと同時に衆生を「迷える凡夫」ととらえます。迷いの世界に生きている点でも人間と動物は変わりません。ただ人間は真実に目覚めて「仏」となり、迷いや苦しみを離れることができる。

人間はそこにいたりうるもっとも近いありがたい存在として、自己を自覚するのみです。

このような考え方の方向に、現在の主流であるカウンセリングは向かっているように思えるのです。

ベトナム戦争によってアメリカは、それまでの西洋的思考を基盤とした価値観への自信を失い、それを機縁として、より深い価値観、より統合的な人間観を求めて、東洋的思考に基づいた人間性心理学、超個心理学が生まれてきたのだと思います。

ひるがえって日本ではどうかというと、最近になって、西洋の真似ものではない本来的である東洋的、仏教的カウンセリングといったものが、少しずつできてまいりました。

一　森田療法　（森田正馬）
二　内観療法　（吉本伊信）
三　仏教カウンセリング　（藤田清）
四　セルフ・コントロール　（池見酉次郎）
五　真宗カウンセリング　（西光義敞）

一は禅宗の影響を受けております。二は浄土真宗に生まれたかたで、はじめは念仏の信心をはやく得るためのものだったかと思われますが、自己内観《じこないかん》と懺悔《ざんげ》を主体にしています。

三は藤田先生が、仏教の基本的性格、もしくは仏道体系を「相談仏教」の体系としてとらえ、仏教を主体としたカウンセリングを首唱したのですが、先年亡くなられましたので、その進展はむしろ今後の課題です。四は終始一貫、カウンセリングには東洋的、仏教的なものを取り入れた精神医学でなければならないと、論文で書くだけではなくして、実践してこられたものです。

五はいま私ども有志が研究実践しているもので、カウンセラーもクライエントも等しく仏さまから「なんじ」と呼びかけられている衆生として、平等の立場に立って、ともに大悲の呼び声を聞いていくという関係を基本としています。仏教カウンセリングは、人格の独自性を平等に尊重する立場と、仏の慈悲の心で自己を見、相手を見る立場が一体となっているのが特色でしょうか。

生死《しょうじ》を超えて生死の世界に生きることを基本とする仏教者であれば、さまざまな苦しみも、生と裏表になっている死の不安もすべて現実としてしっかり受けとめ、より積極的に生きていくことができます。それは単なる理念としてとどまるものではなく、庶民の仏教信者の生活のなかにさえ実現してきたことは、多くの妙好人《みょうこうにん》の生き方を見ればよくわかります。また仏教は長年月の間に、日本人の生活に深く溶け込み、日本人の心を豊かに育ててまいりました。私たちが心安まり豊かな生活をおくるためには、日常生活のなかでややもすると忘れ去られようとしている、仏教的伝統と習慣を見直し、その真義をたずね、新しい時代に再生することが大切です。そうすることが、仏教カウンセリングの使命の一つであるとともに、仏教カウンセリングの興隆、ひいては仏教そのものの活性化に繫がる道であると確信しております。

魂の声を聞く

法蔵比丘《ほうぞうびく》の　いにしえに　世自在王《せじざいおう》の　みもとにて　諸仏浄土《しょぶつじょうど》の　因《もと》たずね　人天《ひと》のよしあし　みそなわし　すぐれし願《がん》を　建《た》てたまい　まれなる誓《ちか》い　おこします
ながき思惟《しゆい》の　時《とき》へてぞ　この願選《がんえら》び　取《と》りませり　かさねてさらに　誓《ちこ》うらく　わが名《な》よひろく　聞《きこ》えかし

（意訳「正信偈」）

四つのコミュニケーション

このごろ、響きを聞くことは大切だなあ、響き合う世界ができればいいのになあ、ということを毎日考えながら生きているような感じがします。それは、話を聞くとか言葉を聞くというのとはちょっと違いまして、響きを聞くということですね。それが大事だなぁということを歳が行けば行くほど、だんだん強く感じるようになってきている自分を感じるわけであります。

仏さまというのは、一つの言い方をすれば、「響き」ではないのか。「響き」というのは理屈を超えて伝わってくるものでありますから、仏さまというものは「響き」だという風にお味わいができるのではないかという感じがします。ただいま、皆さんとご一緒にお念仏を称えましたけれども、「なんまんだぶつ、なんまんだぶつ」という念仏はやはり響きです。また、合唱団の皆さんがきれいな声で『讃仏偈』を歌ってくださるのを聞きながら、響き合う世界というものはいいものだなぁと、いまもしみじみ感じたわけであります。そういうふうに考えるようになった私の思いを、少し聞いてもらおうかと思います。

人間と人間との交わりというのは、言葉を通して展開していく、言葉によって人間関係ができてゆくということは、皆さんご存知の通りでありますが、言葉には、「読む」「書く」「聞く」「話す」という四つの領域があります。「読む」「書く」というのは、文字を通して伝え合うコミニュケーション、後の「話す」「聞く」というのは、音声を通して伝え合うコミニュケーションの様式です。毎日の生活において、どれぐらいの割合でこれら四つのコミュニケーションが行われているだろうか、というアメリカの学者のめずらしい調査があります。

まず「書く」ということは、重要ではありますけれども、日常生活では案外少なく九パーセントです。次に「読む」というコミュニケーションは、一六パーセントです。これにたいしまして「話す」というコミュニケーションは三〇パーセント、「聞く」というコミュニケーションは、四六パーセントだそうです。まあいろんな行動学者がそういう調査をしておりますが、「聞く」というのが、五〇パーセント以上だというデータもあります。

この調査によってわかることは、日常生活は文字を通してコミュニケーションをしているというよりも、音声言語、つまり聞いたり話をしたりしてコミュニケーションしていることのほうが多いということですね。さらに、音声言語のなかでも、「話す」よりも「聞く」ということが日常生活のなかではとくに多いということです。

戦後教育の成果と限界

ちょっと横道に逸《そ》れますが、昔は学校へ行くということは、「字を習いに行く」ということでした。明治初年生まれの私の祖母は、小学校から帰ってくる私に向かって、「今日はどんな字を習ってきたか」と言ったものです。字の読み書きを習うのが、昔の小学校教育のように思われておりました。戦前の学校教育は、文字に偏《かたよ》った教育ではなかったかと思います。

けれども、戦後、教育は大きく変わり、国語教育のなかに話す時間を作りました。これは日本の民主化に大きく貢献したと思います。五十歳以上の私たちの世代の者から見れば、びっくりするほど、現代の若い人たちは意志表示や、自己主張をはっきりします。昔の人はなかなかものが言えなかった。それを私がいちばん強く感じたのは、もう十五年も前になるかも知れませんが、四十年代の学園が荒れたときです。

マイクを持って堂々と自己主張する、政治批判をやる声が、このキャンパスのなかに入り乱れました。公衆の面前で政治批判をする、相手の立場を批判する、あるいは自分の政治的信念を主張するというようなことは、戦争中の私たちには考えられなかったことなのですね。民主主義の教育の成果がこういう形で顕われたのかと、たいへん感慨深くこのキャンパスを往来したことを思い出します。

けれどもそのうちに私が気づきましたことは、何かがおかしいということです。それは、朝の八時ごろからマイクを持って、マイク合戦をする。一つや二つのマイクの場合は、皆が聞いているわけです。耳を傾けて聴いている。そして考えもするわけですが、あちらからもこちらからもマイクの声が入り乱れますと、もう誰も聞いていない。つまりただ騒音と化してしまったわけであります。

それでそのときに思ったのは、戦後教育は間違っていたとは言えないにしても、まだ不徹底ではないのかなぁということです。民主化という点で一定の評価は与えられるけれども、まだ足りないところがあるんじゃないかなぁと思いました。それは、「話す」ことまでは教育できたけれども、「聞く」ことができていないのではないのかなということです。

私はいま、とっても話しやすい感じで話をしていますが、それはお一人として頭を動かさずに静かに聞いてくださっているからです。皆さんの頭が動き、おしゃべりが始まったら、私はもう話す気にはならず、次第に心も錯乱してこの壇を降りることになろうと思います。話すこと、話し合うことは大事だけれども、「話す」ということは必ず、「聞く」ということに裏づけられている。だから「話し合い」ということは、「聞き合い」でなくてはならないというような思いが非常に私の心の中に強くなってきました。「聞く」ということの大事さを、日を追うて強く感じるわけであります。

この四つのコミュニケーションのなかで、どれがむずかしいかと聞かれたら、たいていの人は「書く」ことがいちばんむずかしいと言うんじゃないでしょうか。たとえば、「ちょっと何か書いてほしい」と言うと、「いやぁ、もうこのごろペンを握ったことがない」とか、「もう卒業してからは、書くことは全然だめです。このごろは皆電話で済ましますから」とか言って、字を書きたがらない。字を忘れているんですね。

その次にむずかしいのが、「読む」ことで、読んだり書いたりすることにくらべると、音声言語を使うのは非常にやさしいというように私たちは考えています。書くのは嫌だけれども、話すのはやさしいと思っているようですね。

今度は、「話す」のと「聞く」のと比較しますと、話すことはちょっとむずかしい。人の前で話をする場合にでも、ちょっと抵抗を感じるし、すぐにというわけにはいかない。けれども、聞くと言うのは、じっとしていても声が勝手に耳に入ってくるわけですから、こんなやさしいことはないと思っているのではないかと思います。

ちょうど、空気が自然にあるように、人の声が耳に入ってくる。物の音が耳に入ってくる。音声というものは自然に耳に届くものだから、自然に聞けるもの、聞けているものだと思っている。ことさら教育だの訓練だの注意努力して聞く力を身につけなくてはならないものだとは、さらさら考えないで大方来ているのではないかと思います。

私は、自分の生き方も人間関係も、あるいはもっと深い意味の宗教的な精神の体得のためにも、この常識を打ち破ることがまず大事ではないかと思います。聞くことほどむずかしいものはない。聞いているように見えるけれども、ほとんど聞いていない、聞けていないという状態が日常生活のなかで続いているのではないかと思います。

講義をするのが私の仕事ですけれども、そのときにでも、どれだけ聞いていただいたやらという気持ちがします。それであればこそ、しっかりと私の声が、私の思いが、坐っている学生諸君の一人ひとりの胸の中に頭の中によく届くように、講義をしなくてはならないと、いつも思います。けれども、声は届かず、聞けてもいないという状態が、教室では多いのではないか。教室だけではなくて、長びいた会議とか日常の話し合いのなかでも、そういうことが多いのではないかと思います。

「聞く」ことはむずかしい

そこで、「聞く」ということはどういうことか。どうすることが本当に聞けることなのか。そんなことを次に考えてみたいと思います。

「聞く」ことはほんとうにむずかしい。「聞く」ということは、日常生活のなかでいちばん大きな割合を占めているにもかかわらず、あるいはいちばん大きな割合を占めているから、聞くことが自然にできているように思い込んでいるけれども、聞くことはいちばんむずかしい。だからそのことに注意を注がなくてはならないという思いが第一です。

第二番目には、聞く場合に、「話を聞く」ということと「心を聞く」ということとは、分けられはしませんけれども、ちょっと注意すれば、違うような気がするんですね。

言葉を換えて言いますと、誰かが話をし始めると、“listen to”聞き耳を立てますね。そのときに話す事柄、話題に注意して、その事柄を理解しようとする聴き方と、もう一つは何かの折にそのことを話そうとしている人の心を聞くということとは違う。この二つは一度、別にきっぱり分けて考えてみてはと思います。

聞くということに注意を払っても、たとえば、小学校の先生が「しっかり聞きなさいよ」、と集中して聞かせようとします。けれども、それはお話の内容・事柄を聞かせようとするのであって、人の心をしっかり聞きましょうということについては、あまり注意が払われないできているような感じがいたします。もちろん、情報化社会と言われる現代社会を積極的に生きぬくためには、いろいろな情報を正確に身に着けるということは大事なことだと思います。けれども、人間の生き甲斐とか、人間関係をよくするとか、あるいはしみじみと心が通じ合うような人間関係を創っていくためには、心を聞くという聴き方というのが非常に大事ではないかというふうに思えてきています。

言葉の二つの機能

言葉というものに二種類のはたらきがあるそうです。一つは何かを指し示すはたらきです。「ここに本があります」と言えば、本があるという客観的な事実を指し示す。「いま、十一時三分です」と言ったら、時計の針が十一時三分を指しているという事実を示している。皆がそれぞれの時計を見たら、それが確認できる。そういう外の事実、客観的な事実、もしくは関係を指し示すというはたらきを言葉がもっております。もう一つは、話し手の心を相手に伝えるはたらきです。話し手の人格を表現するという機能がもう一つあります。その二つが絡《から》み合って、日常生活のなかの言語生活は展開しているんです。

事実を正確に伝えるような言葉を高度化させてゆきますと、科学の言葉になってくる。科学的言語というのは、できるだけ主観性を排して客観的な事実を述べてゆく。あるいはそのなかから法則を抽出していくというような方向に言葉が洗練されていったら、科学の言葉になっていく。

今度は反対に、自分の気持や感情、意志を伝えるという方向に言葉を洗練させてゆくと、芸術の言葉になる。文学の言葉になる。その典型は詩だと思います。詩の言葉というものは、ほとんど客観的事実を指し示していない。詩を読む人の内面的世界を言葉で表現しているというだけですね。

ウィリアム・モリスという学者は、そういう言葉の機能を細かく分類して示しております。政治の言葉はどこに入るんだろう。宗教の言葉はどういう性格をもつんだろうというふうに考えてゆきますと、なかなか面白いわけですが、日常生活で使っている言葉はともかく、事実を伝えるという機能と人格を伝えるという機能とが、ごっちゃになってでてきているわけですね。そういう意味で、日常生活において使っている言葉は、おもしろいし、また逆にそこから混乱も起こってくるわけなんですね。混乱が起こっているから、先ほど申し上げるような分類を意識的にしていく必要があるような気がするわけです。

たとえで申し上げましょう。いま、十一時六分ですが、私がこの話を延々と十二時十分まで話し続けるとします。すると司会の先生が、「西光先生、もう十二時十分ですよ」と私に伝えてくれる。私は時計を見ると、私の時計や十二時十分になっているから、「そうですね。おっしゃる通り、私の時計もそうなっております」と言って話を続けたら、これでその言葉の機能というものは完全に果したことになると言えるでしょうか。

おそらく司会の先生は苦笑なさるでしょう。皆さんも思わず苦笑するか、爆笑するかだと思います。ということは、時計が十二時十分を過ぎたという事実のなかで、司会の先生は気をもまれると思います。「十一時四十分に止めてくれと言っておいたのに、よくも延々と話し続けたもんだ。もうやめてほしい」、そんないら立ち。やめてほしいという要求。けれども言えないという遠慮。どのように言ったら通ずるかという工夫。そのほか言葉にならないようないろんな感情や思いが混沌として、そうして思い余って、「先生、もう十二時十分ですよ」という言語表現になって出たわけですね。

そのときに、私がただその事実や関係を伝える機能にだけ注意を払って、「おっしゃる通り、ただいま十二時十分です。間違いございません」とだけ言って話を続けたら、「通じてないなあ」と、きっと思うに違いありません。それは簡単に言ったら、「早くやめろ」

と言っているわけですね。だから、私に「早くやめろ」という気持が通じて話をやめたなら、「あ、ようやく通じた」ということになるんですね。

そういう機能に注意してゆく必要があるように思います。とくに、日常の世間話では、どんな話でも、ただおしゃべりをするというだけで心の解放感を味わえますけれども、利害が対立するとか、人間関係がもつれるとかというような場面になればなるほど、ただいま申しあげる「感情を伝えるコミュニケーション」というものに注意を払う必要があるように思うわけです。

私がこういうことにだんだんと気づかせてもらえるようになったのは、心の悩みを抱いている人ですね。心に悩みを抱いている人にたいして、神経症だとか分裂病だとか自閉症だとか、精神科医はいろんなレッテルを貼ります。レッテルを貼るということは、心を診断しているわけですが、診断しても治療が必ずしもうまくいかない。レッテルを貼るだけでは人間の心は必ずしもよくならないということが次第にはっきりしてきたという事実がある。そういう事実に学ぶからであります。

エレン・ウェストとロジャーズ

ビンス・ワンガーというスイスの精神科医がおります。「現存在分析」というユニークな精神分析の方法を打ち立てた人として有名ですね。その人が「現存在分析」というので治療した典型的なケースに、エレン・ウェストという女の人の心理療法があります。

この人は二十歳までは普通の精神生活を送った人でありますけれども、二十歳を過ぎてから心の状態がだんだんおかしくなっていって、精神分析医とかセラピストのお世話になったんです。けれども、専門科医がかかわってもどんどん病気が悪くなってゆく。そして結局、自殺してしまったケースなんですね。

二十歳を過ぎてから結婚をしたいと思うのに、父親に反対されるのです。そこから妙な症状が始まりかけたというんですね。お父さんが反対をした。つまり、自分の本当の心の底を見つめて、自分はこうありたい、このようにしたいという気持ちを押さえて、お父さんの勧めに従ったわけですね。その頃から「過食」といって、ひょっとしたことからむやみやたらと何でも食べて、だんだん体が肥えてくるという病気になるんです。その逆の場合もあります。つまり、何かの機縁で物を食べなくなってどんどんやせていく病気もあるんです。こういうふうな、物を食べすぎたり、あるいは減食や絶食をしたりするということは、心の病いと深くかかわっているわけですね。

エレン・ウェストはそういうようにして、だんだん肥えてゆくわけです。ところがその前には減食をしていたんですね。それがこの時期になって、過食をしてどんどんどんどん肥えてゆく。体が大きくなってゆく。大きくなってゆくということは、心の中で何かそういうニードを満たしているわけですけれども、一方では不格好な姿になるのが嫌だなあという気持ちもあるんですね。さらに二十三歳か四歳のときにも、また親の意見で一つ恋愛が不成立に終わって、次第に精神状態がおかしくなっていったというケースなんですね。そして世界的に有名なセラピストにかかったにもかかわらず、結局自殺してしまう。自殺したからそのセラピストがダメだというのではないですけれども、そういうケースがあります。

このケースについて、ロジャーズというセラピストが論評を加えているんです。彼は、エレン・ウェストさんにかかわった人、たとえば両親も精神分析科医もセラピストも、一人としてエレン・ウェストを人間として扱ったことはないのではないか、と言っているんですね。そんなはずはないだろう。心の病を直すセラピストが人間として接してないというはずはないと思われるかもしれませんが、意外に、人間の心を扱う専門家である心理学者や医者やあるいは宗教家までが、人間の心を本当に人間として大事にするという方向から、逸脱していっている傾向があるように思われます。ロジャーズさんは、こういうことを言っています。

エレン・ウェストさんがこう叫んでいるのが、私には聞こえるようだ。〝わたしは叫んでいる。けれども誰も聞いてくれない。わたしはひとりぼっち。ガラスの球の中に坐っていて、ガラスの壁越しに人びとを眺めています。大声をあげても彼らには聞こえないのです〟なんと絶望的な声ではなかろうか。

と。つまり、セラピストや精神分析医や両親たちは、現象だけを捉えて「ああしてはいけない、こうしてはいけない。こうするほうが身の幸せだ」と、外から指図します。専門家は、精神分裂病ではないか、鬱病《うつびょう》ではないかと診断をしてレッテルを貼ります。けれども、本当に生きている人間というのは、他人の指図を拒否する。他人の指図の届かない、すなわち、専門的な診断やレッテルの届かないところに、その人はいるんだと思いますね。そういうところに届くようなかかわりをしないで、どんなに説教してみても、どんなに忠告してみても、どんなに治療してみても、それは人間関係をこじらせるだけだということがあります。

それでは、ロジャーズさんの考えはどうなのかというと、両親も精神科医もセラピストも皆、外からレッテルを貼ったり指図をしているけれども、その人の心の中に入っていない。エレン・ウェストさんが感じているままの世界に入っていない。私の今日の題名に則して言えば、エレン・ウェストさんが心の底から叫んでいる、その魂の響きみたいなものに、耳を傾けなかったということを指摘するんですね。そして私だったら、どういうセラピィをしたか、そしたらどういう結果になったであろうかということを、ロジャーズさんは詳しく書いております。まあそのようになるかならないかはわかりませんが、こういう典型的なケースのなかだけではなくて、日常生活のなかで私も思い当たることが非常に多いのです。

魂の叫びをキャッチする

私は、先ほど来《らい》、言葉には二つの機能があると申しましたが、人格を表現するとか、感情や意志を伝える方のコミュニケーションは、必ずしも言葉によるとは限りません。表情で、態度で、姿勢で、さりげない日常の動作のなかで、つまり「からだ」全体で私たちは叫んでいるんだと思います。そういう心身あげての魂の叫びというか、心の底からの叫びというようなものを敏感にキャッチできるような、そういう感受性をもちたいと私は思うわけです。

三日ほど前、ある集会に行きまして、本学を出た保育所の保母さんから、こんな話を聞きました。いい保育をしたいと努力しているけれども、子どもが異常な行動をしてなかなかよくならない、それでいら立つというんです。それでお父さんやお母さんは家でその子にどんなかかわりをしてくださっているんだろうかということで、お父さんと話し合いをした、その結果を聞かしてくれました。そのお父さんはまことに教育熱心、保育熱心で、普通のお父さんだったら、保育所へ行っている子どものことなんか全然構わないのに、熱心に園にも足を運ばれる。そして話をしてみると、こんな感じのお父さんだというんです。（謹厳な語り口で）「子どもとの接触が非常に大事だと考えております。だから日常などはできるだけ時間を取って子どもと遊ぶようにいたしております」。

そこでその保母さんが、「お父さん、こういう絵を描かれたんですよ。ちょっと見てあげてください」と言って、お子さんの絵を見せました。保母さんはその絵の中にその子の心の動きや成長ぶりがよく表われていると感じていたので、その子の絵をお父さんに見せたわけです。ところが、それを見たお父さんは、（低いかたい声で）「なんだ、五歳になっても、太郎はこんな絵を描いているのか」というような感じなのですね。

お父さんは子どもに対して教育熱心、保育熱心ですから、一生懸命に子どもとの接触の時間を作っているつもりなんです。子どものためを思っているつもりなのかもしれないのですが、そのお父さんには、子どもの叫び、つまり、子どもが天真爛漫に、全身をもってしている子どもらしいその叫びや響きが、耳に入らないいんじゃないかという気がするわけです。案の定、その保母さんが言うのに、「私はこれこれの時間、こういうふうに子どもと接してやるにもかかわらず、子どもはこういうようにはならない」、というような説明の仕方をなさるんだそうです。だから非常に知的な人であると思いますね。知的にかかわっていますから、知性を潜《くぐ》ってこない情感の動きというものにたいして、非常に鈍感になってきている。つまり、感情にたいして、心の叫びにたいして、あるいは人格的な響きにたいして非常に鈍感なのだというような感じが私にはするわけです。

もっとひどい例を挙げましょう。三歳の女の子がある精神神経科の病棟に入院してきたんです。その子は指を目の中に突っこもうとしたり、舌を噛《か》もうとしたりするんですね。だからしょっちゅう付いてなきゃいけない。やたらに食べまくる。険《けわ》しい警戒するような目つきをする。看護婦さんが近寄ったりすると、「さわっちゃダメ」「見ちゃダメ」と言って拒否する。夜中に眠りながら泣き叫ぶ、といった具合に、まったくひどいんですね。お医者さんも看護婦さんもこんなひどいケースには出会ったことがないので、何度もケース会議を開くけれどもどうもよくわからない。脳波は正常、知能も普通なんですが、ただ情緒面の発達が著しく遅れている。

やがてはっきりしてきたことは、面会に来るお母さんの冷たい態度でした。お母さんは、子どもを入院させながらあまり顔を出さない。顔を出しても、眠っていると帰ろうとする。そのまま残っても、子どもの寝顔を見守ることもなく、そばで分厚い育児専門書を読んでいるというんですね。普通だったら、「どんな顔をして寝ているかな」と思って、そっとのぞきこんだり、さわったりしますね。ところが、このお母さんはそういうことは一切しない。どうも身体的な接触をすることは育児に悪い、本人が自立するためにはできるだけさわらないほうがいい、みたいに思っているようなんです。それがもう徹底している。子どもの寝ている横で、そういうことを書いた専門書を読んでいるというのは象徴的ですね。

この子どもがしてほしいこと、したがっていることをいままで拒否してきたことが、こういう子どもを作ったんじゃないか。それならば、その逆のことをやろうということで、はじめはその子どものたいへんな抵抗に会いながらも、近寄っていって触れたり抱きしめたりすることを、くり返しくり返し行ったら、その子どもの症状は消失していったというのがこのケースなんですね。

このようにいまは皆が感情をむき出しにしているようでありながら、逆に本当に感情と感情、気持ちと気持ちとが届き合い触れ合うような人間関係にはなっていないのではないか。そのことが私たちの心を寒々しい方向に追いやっているのではないかということを、いろんな新聞や雑誌やテレビを見ても思うわけであります。

「私」の本当の声

先ほど紹介しましたロジャーズさんは、

現代人は皆、孤独なんだ、寂しいんだ。と言っておられます。その孤独というものには二つあって、一つは、自分は一体何なのか、自分が経験している本当の自分と出会えていない孤独。もう一つは、自分が本当に感じたり経験したりしていることを理解してくれる人をもたないという孤独、そういう人間関係を保てないという意味の孤独。こういう二重の孤独にさいなまれているんだというのです。

心の病いに精神病だとか、分裂症だとか、レッテルを貼っていけば、次から次へと新しい病名が作られてゆきます、ロジャーズさんはそういうレッテルを貼ることにたいして、もうほとんどと言っていいくらい興味を示していません。そういうレッテルを貼るのが問題なのではなくして、その人が本当に一瞬一瞬、いまここで経験していること、感じていることを徹底的に大事にしようとしています。

私たちの経験していることや感じていることは、格好のいいことばかりではありませんね。「うれしい」とか「楽しい」とか「やるぞ」といったプラスの経験ばかりではなく、「もう嫌だ」「死にたい」「やる気がなくなった」というマイナス面も引っくるめて、誰にも代わってもらいようのない、私にだけしか経験することのできない経験を、一人ひとりがもって生きている。この事実をもっと大事にしたい。このことが疎《おろそ》かにされているのではないかと思います。

人と本当にありのままの経験を交流し合うような経験をもたないから、本当に自分自身はどういう経験をしているのか、自分の心の中に何が起こっているのか、自分の正体は何かということに目が届かない。また逆に、本当に自分というものが見えないから、人との関係も疎遠になってくるという、自分自身への関係と人との関係の間には、相関関係があるような気がしてならないんですね。

これを両面において「響きを聞く」というのは、自分の内面に一瞬一瞬、音を立てて流れている「私」の本当の声、言葉にならない響きを聞くということです。またそれと同時に、人が全身から発する響きを大事にするということです。その響きは、たいていは言葉を通して聞くのですが、言葉にも潤《うるお》いがあったり、悲しみを含んでいたり、あるいは落ち込んでいたりして、響きがあります。だからその言葉の響き、というか、言葉によって伝わってくるその人の響きに敏感でありたいと思います。

だいぶん前でしたが、こんな新聞記事を読んでびくっとしたことがあるんです。ある視力障害者のかた、まったく目の見えないかたがこうおっしゃったそうです。

どうも目の開いている人が話しているのを聞いて、腑《ふ》におちないことがあるんですが……。お祝いの言葉を申し述べている時に、言葉はお祝いの言葉だけれども、私には悲しみの響きが伝わってくるんです。また、ご不幸ごとに対してお悔みを述べている言葉を聞いていると、言葉は悔やんでいるんだけれども、響きとしては喜びが伝わってくる。そんなことがよくあるんですが、これはどういうことでしょう。なんと怖《こわ》い言葉ではありませんか。

言葉にのせて表現する事柄は、確かに「御《ご》愁傷《しゅうしょう》さまです」と言っているのを聞いても、言葉の調子から、この人はまったく逆のことを感じ取っているわけです。このかたは視力障害者であるために、かえって言葉の響きを通して、その人の心を敏感にキャッチすることができるのでしょう。粗雑な言語生活を送っている私の心のなかを見すかされたような感じがして、恐しいとも思い、また恥しいとも感じたことであります。

柏木哲夫氏の言葉

末期患者の臨床医をしておられる柏木哲夫氏が『朝日新聞』の「生を支える」という連載記事を書いておられましたが、こういうことがその中に出ております。

ある女性の末期患者が、亡くなる一週間ほど前に、「私のいのちはもう長くないと思います、何か先生のお役に立って死にたいと思うのですが……」と言いました。柏木さんが、「これまでの私の言葉のなかでよくなかった表現を教えてほしい」と頼みますと、その患者さんは、ちょっとためらいましたが、次のように語ってくれたということです。

二カ月ほど前に、私が、先生、私はもうダメなのではないでしょうか、と尋ねたとき、先生は、そんな弱音をはいてはだめですよ。もっとがんばりなさい……と励まされましたね。私はそのあと何も言えなくなってしまいました。そして、やるせない思いが残りました。だって私は、先生に弱音をはきたいと思っていたのに、先生は弱音をはいてはだめですよ、がんばりなさいと励まされたので、私は何も言えなくなってしまったのです。

と、その患者は答えたというんですね。それで柏木先生は、たいへん心の敏感なかたですから、そのときのケースを思い出して、「私は医者として、終末期を迎えた患者さんと本当に人間らしく接しているだろうか」と反省しておられます。

確かに私はあのときに、「そんな弱音をはいてはダメですよ」みたいなことを言った。どうしてあんなことを言ってしまったのか。「もうダメなのでは……とそんな気がするのですね」とそのまま受け止めればよかったのに、ああいう言葉が出てしまったのは、これは大変なことになった。こういう形でどんどん深く心がかかわり合ってゆくと、私は専門家の立場として、「もうあなたは駄目ですよ」みたいなことを言わなくてはならない、という破目に追いつめられてゆくんじゃないだろうか。そうなったら恐しいなあという不安が、私の心の中に一瞬あったのだろう。だからそういう方向に行くのではないかという不安が、励ますという形で会話を終わらせたいと瞬間的に考えたのではなかろうか、という反省です。

問題は患者さんにあるのではなくて、自分自身にあったんだということに気づかれたわけです。ごまかしの姿勢が敏感に患者さんに映ったんだなあと。それは言葉としては「弱音をはいてはダメ。もっとがんばりなさい」という励ましの言葉のように見えて、本当は、関係を断ち切る逃げの姿勢ではなかっただろうかというわけです。

先ほど申し上げました、保育園の子どもについてもう少し申しますと、その子は家に帰るとハイハイと言っていい子になるというんですね。ところが保育所に来たら、ワーッとなってしまう。この場合、保育所で本当のその子どもの心が出ているんですね。ところが家へ帰ったら、お父さんが知的でキチッとした人ですから、子どもはお父さんという他人の枠《わく》の中でしか動けない。本音が出せない。そういうなかで、子どもはだんだん成長を止められ、抑圧されていっている。そういう子どもの変化の本当の原因が自分にあるということに、お父さんは気がついていないんですね。

このように見てまいりますと、終末期を迎えた患者さんも、保育所の子どもも、あるいは成年期に達した人も、働き盛りの人も、みな人間の基本的な心の成り立ちは同じではないかと思うわけであります。やはり人間の心がいろいろなことを感じ、喜び悲しみ憂え腹立ちながら生きているということ、それが人間の生きている証《あかし》ですから、そのまま目をそらさずに受け止めてゆく。私の言葉で言えば、そういう魂の叫び、あるいは人間の人格的な響きというようなものをしっかり聞くということが、自分にとっても人にとっても大事なことであろうと思うのです。

お念仏の響き

最後になりますけれども、こういうことを通しまして、私はお念仏の響きというものを味わわせていただくわけです。先ほどご讃題に挙げましたのは、『正信偈』の初めのところであります。『無量寿経』のなかで、法蔵菩薩《ほうぞうぼさつ》が世自在王《せじざいおう》のみもとで四十八の願を建てられます。私たちを救うために、どのようにしたら私たちを本当の悟りの世界に導くことができるかということで、四十八の願を建てられる。そして、その四十八の願を建てたあとで、重ねて三つの誓いを立てられた『重誓偈（三誓偈）』がありますね。

その『三誓偈』の心がこの『正信偈』の初めにもひかれている。手短かに言いますと、仏さまはまず、私たちを苦しみや迷いのない悟りの世界に至らしめたいという超世の願を建てられた。この世を超えた願を建てられた。

二番目には、私たち一切衆生の心の貧しさを救い取ってやりたい。そして三番目に私たちの心の貧しさを救うために、仏さまは「南無阿弥陀仏」という名号になり、「なんまんだぶつ」という響きになって、必ず世界のすみずみまでも響き渡ろうと誓ってくださった。だから私は、「なんまんだぶつ」という念仏の響きに触れることをなくして、仏さまに触れることはないと思います。

仏さまというのは、「なんまんだぶつ」という響きです。これはずいぶん勝手な解釈だと専門家のお叱りを受けるかもしれません。たしかに、一方で「南無阿弥陀仏」のおいわれを言葉の上で解明する必要があると思います。その理論的な背景を知る必要があると思いますけれども、理論によっては救われないので、「なんまんだぶつ、なんまんだぶつ」という響きのなかに、仏さまの呼び声が聞けていく世界、聞けるままに救われていく世界があります。その「なんまんだぶつ」のなかに、仏さまのお呼び声の聞けていく世界はどこから開けてくるかというと、それは「この身」からです。自分の心の中にある本当の叫びに気づくところからです。

みんな精一杯生きています。いのちが叫んでいるのです。光を求めていのちが動いているのです。いったい何に苦しんでいるのか、本当にどうなりたがっているのか、そういうこともわからないままに、みんな光を求め、救いを求め、叫んでいると思うんです。そういう自分の本当の叫びというのか、願いというのか、そういうものを敏感に感じ取っていくルートを通してでしか、仏さまのお呼び声が聞こえる世界はないということを、私は年を追うごとに深く感じるのです。

私が「響き」という非常に曖昧な言葉で表現した心の中には、理屈づけて言えば二重の意味がございます。一つは私たちの「業魂の叫び」すなわち、心の内面から叫びという意味、もう一つは救いを求めて叫んでいる私たちの業魂に対する、と言っていいか「業魂のなかに響く仏さまの呼び声」という意味です。響きは二重なのです。二重にして一つなのです。自分のなかの本当の声、魂の叫びに敏感になることを通して、この私に呼びかけ、呼び醒まし、真実の浄土に呼び返してくださる仏さまの響きが、私に伝わってくるのをひしひしと感じるのであります。

ずいぶん勝手な感じかもしれませんけれども、言葉を聞くということではなくして、響きを聞くということに無性《むしょう》に心が寄っているこのごろであります。人びとの表現している、その人が表現している響きから、さらには、大自然も何かこう叫んでいるんじゃないだろうか、鳥も蝶々も、花も草も、何かそれぞれの響きをもっているんじゃないかと思います。そういう命あるものの響きに敏感な生活を、と思うのがこのごろの感慨であります。

Ⅲ

わが仏道

法に出遇うよろこび

龍谷大学におきましては、法要が行われますと「真宗宗歌」を必ず歌います。私はこの歌を歌いますと、いつも感動で胸が震えてくるんです。「ふかきみ法《のり》に」の法《のり》というのは、「仏法」の「法」、「仏《ほとけ》さまの真実のみ教え」のことであります。

ふかきみ法《のり》に　あいまつる
身《み》の幸《さち》なにに　たとうべき

ということは、この深い仏法に遇《あ》わせていただいた幸せは一体何にたとえたらいいのだろうかということ。二番目は、

永久《とわ》の闇より　すくわれし
身の幸なにに　くらぶべき

「永久《とわ》」とは永遠ということですから、永遠の闇から救われたこの幸せは、一体何にくらべたらいいのだろうかということですね。この歌は真宗各派協和会作詞となっておりまして、じっさいどなたがお作りになったのかわかりませんが、真宗というものに出遇《であ》われた幸福感、人間に生まれ、真宗に遇わせていただいたことを無上の幸せと感じる人の喜びが、この真宗宗歌にあふれていると私は思うわけです。そして、その喜びがそのまま私の喜びに連なっているということを感じますので、この歌を歌うごとに胸が震えるような感動を覚えるのであります。

その浄土真宗をお開きくださった親鸞聖人の御誕生をお祝いするというのがきょうの御法要の趣旨かと思いますので、私がどのようにして親鸞聖人のおすすめくださった仏法に、お法《みのり》に出遇ったかということを聞いていただきたいと思います。

「世間虚仮　唯仏是真」

私は、予科も学部も大学院（そのころは研究科と言いました）も、この龍谷大学のなかで育てられてきたわけであります。予科に入りましたのは、昭和十八年です。昭和十六年の十二月に始まりました太平洋戦争、大東亜戦争がどんどん激しくなってくる。そして二十年で敗戦になるわけですから、ちょうど太平洋戦争のいちばん最後の時代をこの龍谷大学の予科で過ごしていたことになります。

そのころ、のちに真宗史研究で文学博士になられた宮崎圓遵という先生から日本史を習っておりますときに、「世間虚仮　唯仏是真」（世間は虚仮《こけ》なり、ただ仏のみこれ真なり）というお言葉が聖徳太子の御持言《ごじごん》であったということをお聞きしたんです。

御持言といいますと、日常生活のなかで身の回りの人に、たえず口にしておられたお言葉ということですから、「世間虚仮　唯仏是真」は、聖徳太子のお心から自然にあふれ出ずにはおれなかったお言葉だということになります。

意味はまず、「世間」というのは、われわれ人間が住んでいるこの世界ですね。人間世界のいっさいの営みは虚仮である、「虚《こ》」というたら虚実と熟しますように、実のあることの反対ですから、中身が伴わず、虚《うつ》ろであるということですね。「仮《け》」というのは仮《かり》ですから、これは本物ではなくして、一時的な仮のものだということですから、「世間虚仮」は、人間世界のこと、人間の営みというものはすべて嘘偽りで仮のもので、真実のものはないということですね。「唯仏是真」というのは、ただ仏さまだけが真実だということですから、私はまずこの言葉にたいへんな疑問と抵抗を覚えました。

意気揚々と大学へ入ってきた、さあこれから勉強しようと思っている私、それからいよいよ日本もたいへんな戦局にさしかかっている、どうしてもこの戦いに勝ち抜かなくてはならない。やがて兵役《へいえき》にも服して国のためにご奉公しなければならないと頑張っている私の心にまったく水をさすような言葉でありました。人間のやっていること、営みは、みんな嘘偽りで仮のものであって、真実というものは人間世界にはないというわけですからね。そんな馬鹿なことがあるか。そんなことを言ったら、これからやる学問だって、これは嘘偽りか。そんな馬鹿な。学問というのは真実を追求するのであって、それが虚仮のはずがない。人間の愛情、これも虚仮か。そんな馬鹿なことがあってたまるか。親子の愛情、これも虚仮か。そんな馬鹿な。いまやっている戦争も嘘偽りか。そんな馬鹿なことがあっていいのか。

聖徳太子はなぜこういうことを言ったのだろう。まるっきり逆じゃないのか。

私も寺に生まれ龍谷大学に入って、自然に仏さまの前で手を合わす。お寺の本堂や仏壇の前に坐ったら仏はあることにして合掌して拝んでいるけれども、改めて仏さまって本当にあるのかと自分に問いつめてみたら、仏の存在ほど頼りないものはないんじゃないか。だから「仏は虚仮なり、世間のことは真実なり」と言うのだったらうなずけるが、それをまるっきりひっくり返すようなことを、しかも毎日のように日常生活のなかで口にしておられた聖徳太子のお気持ちは一体どういうことだったんだろうという疑問と反発に取りつかれてしまったのです。そこから私の本格的な仏法との出遇いが始まったように、いま思うわけであります。

聖徳太子の生涯と仕事

そんなわけで、「世間虚仮　唯仏是真」という謎《なぞ》を解くために、私は戦争が終わってから大学ではためらわずに仏教学を専攻し、「世間虚仮　唯仏是真」という意味をわかろうとして仏教書を読み、説教や講演会を聞きに回って青春時代を過ごした気がするわけであります。

ところが、はじめ「そんな馬鹿な」と一笑に付したい感じがした「世間虚仮　唯仏是真」が、時が経つにつれて私の胸の中で次第に重みを増してまいりました。受験勉強時代に「つまらぬと　いうは小さき　智慧袋」という川柳が国語の参考書にあったのを思い出しました。「そんな馬鹿な、そんなつまらぬこと」と私は思うけれども、そう思う私の頭の智慧袋のほうが小さく、つまらないのであって、聖徳太子が言われることがほんとうかもしれない。そうしか考えようがないというふうに思えてきたわけであります。

それからまたもう一つ、たしか「人間は自分の持っている縄の長さしか井戸の深さは測れない」という格言がありましたが、私が一メートルの縄で深い井戸を測って、「この井戸の深さは一メートルだ」と言ったら、それはおかしいですよね。そこで、私は不可解な言葉のほんとうの意味を解こうと真剣に思うようになったわけであります。

それと、もしもこの聖徳太子のお言葉が虚《むな》しい、言うならば虚無主義的なニヒリスティックな投げやりなお言葉だとしたら、聖徳太子の人生は実にいい加減な人生であったはずだけれども、どう考えてもそうとは言えない。日本の歴史のなかで、聖徳太子ほど短いご一生の間に大きな仕事を成し遂げられたかたはいないというのが事実であります。

聖徳太子はいまから千四百年ほど前にお出ましになり、わずか二十歳で女帝推古天皇の摂政になられ、四十九歳という若さで亡くなられました。その短い間にすばらしい仕事をたくさんなさったのであります。まず、当時の隋《ずい》といえば、世界の大国でありましたが、その大国に向かって追従外交じゃなくして、堂々とした自主外交をなさった。「日出づる処の天子、書を日没する処の天子に致す。恙《つつが》無きや、云云」という堂々とした書簡を送ったというのですから、いまの日本の国際政治、外交のやり方から見ましても、聖徳太子の外交はまったくすごいというほかはありません。

それから、わずか三十歳で冠位十二階、三十一歳で十七条の憲法を作って、閥族政治の弊を改めるために大政治改革をなさいました。「和をもって貴しとなす」とまず政治改革の理念を掲げ、その実現のためには「篤く三宝を敬え」と、政治家の基本的な心得を示したのが十七条憲法かと思います。

それから、仏教が入ってきてからせいぜい五、六十年しかたっていませんでしたけれども、大乗仏教のいちばん大事な『法華経《ほっけきょう》』『勝鬘経《しょうまんぎょう》』『維摩経《ゆいまぎょう》』というお経を研究なさいまして、『三経義疏』という註釈書をお作りになり、宮中でもこれを講讃しておられる。今日まで残っております『三経義疏』を拝読しますと、太子がいかに深く大乗仏教の精神に理解を示されたかということにただただ頭が下がるばかりであります。

つまり一流の政治家であり、外交官であり、仏教学者であり、宗教家であらせられたわけであります。それにとどまらずにあのすばらしい法隆寺や四天王寺を建立なさったのですから、建築家や芸術家の天分をうかがわせます。さらに、いまでも四天王寺はその伝統を受けておりますが、敬田院《きょうでんいん》、悲田院《ひでんいん》、療病院《りょうびょういん》、施薬院《せやくいん》を作って、いまで言うならば、宗教と医療と社会福祉を一緒にしたような大事業もなさった。だから、日本の社会福祉の歴史を語るときには、まず聖徳太子からということになっているのも理由のないことではないように思います。

そういう大事業、一流のお仕事を二十歳から二十九年間、三十年足らずの間にやってのけられたわけでありますから、とてもとても投げやりのご生涯であったと言うことはできません。むしろ逆ですね。この聖徳太子の多面的、開拓的、創造的な活動、ひとことで言えばエネルギッシュな活動を裏付けているのが「世間虚仮　唯仏是真」というこの言葉なんだと理解したときに、どうしてもこの謎を解かなくてはならないというわけで、いまからしますと二十歳代は精力をそれに注ぎ込んだような思いがするわけであります。

『歎異抄』の言葉

この太子のお言葉にますます魅《ひ》かれましたのは、これとまったく同じ趣旨のお言葉を『歎異抄《たんにしょう》』の中に見出したからです。

煩悩具足の凡夫、火宅無常の世界は、よろづのこと、みなもつてそらごとたはごと、まことあることなきに、ただ念仏のみぞまことにておはします。

これは、『歎異抄』の終わりのほうに、多分『歎異抄』を書かれたであろう唯円坊が、親鸞聖人が生きていらっしゃる間にお聞きして耳に残っている言葉を書きとめたなかの言葉ですから、親鸞聖人のお言葉と受け取ることができます。

その前のところから拝読しますと、「聖人のおほせには」、親鸞聖人のことですね、「善悪のふたつ、総じてもつて存知せざるなり。そのゆゑは、如来の御こころに善《よ》しとおぼしめすほどにしりとほしたらばこそ、善《よ》きをしりたるにてもあらめ、」そして続いて、「煩悩具足の凡夫、火宅無常の世界は、よろづのこと、みなもつてそらごとたはごと、まことあることなきに、ただ念仏のみぞまことにておはします。」こう続くわけであります。

親鸞聖人が聖徳太子の御持言をご存知であったのかなかったのか、それはちょっとわかりません。しかし、これは「世間虚仮　唯仏是真」ということを大和言葉で、さらに敷衍《ふえん》して詳しくおっしゃっているように思うんですね。

聖徳太子が「世間虚仮」と漢字四文字で簡潔に言われたことを、まず「世間」というのを「煩悩具足の凡夫、火宅無常の世界は」というふうに詳しく言っておられるわけですから、世間の内容は何かというと「煩悩具足の凡夫」と「火宅無常の世界」だということになります。これでだいぶはっきりしてきますね。そうして「世間は虚仮なり」の「虚仮」というのは、『歎異抄』では、「よろづのこと、みなもつてそらごとたはごと、まことあることなきに」となっています。これは「虚仮」というよりはわかりやすいですね。そしてあとの「唯仏是真」の四文字は、親鸞聖人では「仏」が「念仏」に変わっていまして「ただ念仏のみぞまことにておはします」となっております。

そうすると、親鸞聖人も聖徳太子とまったく同じ心で過ごされたのだなと感動を覚えます。このお言葉も「聖人のつねの仰《おお》せ」でありますから、若い唯円坊の耳にも残るほど、周りの人びとに日ごろ常に仰っしゃっておられた言葉として受け取りますと、聖徳太子と同じところに精神的な拠りどころを置いて親鸞聖人も生きられたのかな、というふうに味わせていただかずにはおれないわけであります。

親鸞聖人の人間観と世界観

「世間」というのを親鸞聖人は二つに分けられました。一つは「煩悩具足の凡夫」。「煩悩」というのは、私たちのこの体や心を煩わせ悩ますような心、穢《けが》れた心、人間を苦しめ悩ませる迷いの心を言います。

仏教では煩悩の分析を詳しくしているわけですが、簡単に言いまして、「三毒の煩悩」と私たちの煩悩の心を三つの毒にたとえてあります。それは貪欲《とんよく》と瞋恚《しんに》と愚痴《ぐち》、大きく分けたらこの三つに縮まります。

「貪欲」というのは、果てしない欲望。少しも満足することを知らないで果てしなく貪《むさぼ》っていく心を貪欲と言います。そして果てしなく貪っていこうとするその心が何かによって妨げられたときに反転してくる心、腹が立つ、忌《い》ま忌ましい、憎々しい、妬《ねた》ましいというような心が「瞋恚」です。だから、欲と怒りと言い換えてもいいと思いますね。私たちの心は、プラスにはたらいているときは貪欲、マイナスにはたらいているときは瞋恚だとしたら、その本性は欲と怒りとのほかはないというわけです。

「愚痴」というのは、真実の道理、無我の道理に暗いことです。無我の道理に反して、「おれが」「おれの」と限りなく深く自我に執着しながら生きているということです。その愚痴の心のうえに、限りなく自分のエゴイズムを満たそうとして貪《むさぼ》る心と、それが邪魔されたときに腹が立ち、憎しみ、そしてひどいときには闘争して相手を打ち倒そうとするところまで行きかねないような心、そういう三つが混然一体となった心を三毒の煩悩と言います。そういう心に迷わされ、苦しみ悩まされながら生きざるをえないので「毒」にたとえてあるわけです。

私ども人間は、煩悩を具足している凡夫であります。具足という言葉は現代語にはありませんが、「欠け目なく具《そな》わっている」という意味です。たとえばいまこの仏壇にお花が一対《つい》と蠟燭《ろうそく》一対と香炉一つとで、仏具が五つ揃っていますね。これを五具足と言うんです。そうしますと「煩悩具足」というのは、煩悩という私の身や心を苦しめ悩ませる穢《けが》れた迷いの心が欠けめなくそなわっているそういう凡夫、「凡夫」というのは、仏の世界も知らず悟りの世界も知らないでいる人間ということであります。ここに親鸞聖人の人間観が現れております。私のことを煩悩具足の凡夫と言われる。これが親鸞聖人の人間観です。

そして「火宅無常の世界」の「火宅」というのは、火の手があがって燃えている家ということです。「無常」というのは、情がないほうの無情じゃなくて「常がない」というわけですから、ひとときとしてじっとしていない。たえず移り変わっていくことですね。「火宅無常の世界」というわけですから、私の住んでいるこの世界は、人間世界は、ちょうど火の手があがった家のように、一瞬といえども心が安らぐことのできないような、あわただしく移ろいやすい落ち着きのない世界だということですね。これは親鸞聖人の世界観を現しています。そうすると、火宅無常の世界に住む人間は、煩悩具足でしかありえないし、煩悩具足の凡夫の住む世界は、火宅無常の世界だということになります。

ここで私が注意したいのは、まず人間の本質を尊厳性とか、成長力とか、理性とか、あるいは万物の霊長であるとか、そういう単純肯定的に輝かしいふうにとらえる近代、現代を通じて支配的な人間観から見ますと、太子や聖人のように人間世界を虚仮と見、人間を煩悩具足の凡夫と見る見方は、容易に受け入れられないだろうということです。あまりにも否定的、虚無的、悲観的見方と映るだろうと思うんです。しかしそれは浅見でありまして、太子や聖人の人間観、世界観は、「仏のみ真」という認識、いわば仏智にもとづく人間観、世界観であるというところが重要だと思うのです。

敗戦から戦後へ

さて私は、以上述べましたようなことは、頭の中では、そうかなるほどな、と思いましたけれども、このことが一つずつ体の中に溶け込むようにわかってくるのには、ずいぶん暇がかかりました。一つ二つ言いますと、まず敗戦でした。日本は神国であり、いま行っている戦争は聖戦であって絶対不敗であると信じて疑わなかったのに、ある日、突然、こともあろうに無条件降伏した。これはショックでした。しかし思いなおして、戦争は終わったのだから、これから父親にいろいろ教えてもらって学問に打ち込もう、求道もしようと楽しみにしていたら、戦争が終わって半月目に、私の期待を裏切って父親は亡くなりました。それから敗戦後の混乱のなか、苦労して大学を出まして高校の教師をしながら学問をしようと意気込んでおりましたら、こんどは結核に倒れました。

そんなことで、いかに当てというものが向こうからはずれていくものか。明日はあるものなり、今日の健康や平和は続くものなり、と自分に都合のいいようなイメージを描き、そのイメージに合わせて楽しく生きようとする生き方がいかに空《むな》しいかをつくづく思い知らされました。「そうはいかないよ、煩悩具足の凡夫、火宅無常の世界というのは、このことだよ」と仏さまから言われているような気がいたしまして、聖徳太子や親鸞聖人の御持言の一言ごとにうなずきながら、徐々にその言葉の真実性が体に浸透していったように思うわけであります。

けれども、いまから思いますと、「念仏のみぞまことにておはします」と徹底することは容易なことではありませんでした。仏さまが私に向かって「そういう煩悩具足の凡夫の人間であるから、その煩悩に苦しめられ悩まされ続けてきた、そして今後もそうであろうお前を、罪と穢れのない仏にしよう、浄土に往生させて仏にしよう」と誓ってくださった、そのお誓いの御名《みな》だということが、なかなかそのまま素直にいただけなかった。そういう誓いのお心が南無阿弥陀仏という呼び声となって私の上に届いてくださっている。

違った言い方をしますと、永い迷いの闇に閉ざされて眠りこけ、ちょうど夢のなかでうなされているような苦しみ悩みの生活をしている私にたいして、「南無阿弥陀仏、義敞よ」と呼びかけ、「南無阿弥陀仏、目を覚ませ」と揺り起こし、そして真実の仏の世界に生まれさせようと呼び返してくださるその呼び声が南無阿弥陀仏、念仏だなということがだんだんわかってまいりましたけれども、この「念仏のみぞまことにておはします」ということがストンと心にいただけるまでが大変でありました。

世間は虚仮だ、煩悩具足の凡夫、火宅無常の世界だと感じるときには、どうしても外の世界のことについてそう感じてしまいやすいのです。まあ、その面から言いますと、確かにそうで、その後も私は人間世界にはほんとうに徹底した真実というものはないということを、しばしば痛感せずにはおれませんでした。たとえば新しい憲法によって日本は本当に平和国家になれるのかと思ったら、その憲法の精神がねじ曲げられ、軍備は永遠に放棄すると誓ったはずなのに、その誓いはどこへやら、わずか数年にしてまた再軍備が始まる。

続いては、そういう体制に反抗する民衆や学生の運動、そこになんとか希望を見い出そうとしたけれども、それを抑圧する政治権力の恐ろしさ。その学生運動もあの高揚している最中には私たちも非常に大きな刺激を受け、いろんなことを教えられましたけれども、やがて火が消えたように薄れていって、大学人も学生に追いつめられて重い腰を上げたものの、学生の追求の声がなくなると、また居心地のいい椅子にじっと座り込んで保守体制は続いていく。

マルキシズムを勉強しない者は人間ではないような時代もあったけれども、それがほんの二十年三十年前のことだったろうかと思われるくらいに急速に、世の中の価値観が変わってきている。こういう昨今の現実世界を見ましても、いかに人間の信念やイデオロギーや政治体制がもろいものかということがよくわかります。

政治であれ、経済であれ、あるいは小さな家庭生活であれ学園生活であれ、個人生活であれ、畢竟《ひっきょう》、人間の営みは煩悩具足の凡夫の営みであり、人間を動かしているのは、煩悩のほかはありません。そしてそういう人間世界は「火宅無常の世界」としか言いようがないのであります。

私たち人間は、幸せを求めてまずなんとか住みよい社会を作ろうとします。幸せになるためには、外の環境を変えることによって、自分らが住みやすい人間社会を作ろうというふうに、どうも人間は努力するように思います。科学や産業、文化の発展ということも、人間の住む世界を便利で住みよい快適なものにすることによって、人間が幸せになろうという発想にもとづいて実現してきたものだと思います。

学生が大学を改革しようとしたのも、この大学では息が詰まってしまう。だから、これを変革するのはわれわれしかないと思って、若いエネルギーを外へ向けたわけですね。けれども、おっとどっこい自分の思いどおりに変わるほど生やさしくないのがわれわれの住む社会環境であり、また自然環境であります。だから、必ずどこかで限界にぶち当たります。

そうしますと、外部世界の改革に挫折感を感じて、今度は大切なのは心の問題だというふうに目を内側に向けてしまいます。要するところ、心のもちようで人間は幸せになったりならなかったりするのだというふうに、内にこもって閉鎖的になってしまいがちです。とくに現在では、もうモノは溢れている、いまは心の時代だとさかんにココロが強調されるようになってきます。そして、そういう傾向を歓迎して宗教の時代がやって来たと喜んでいる宗教家もいますけれども、待て待て、そんなことはないのだと私は思います。たいへん危険な状態だと思います。そういうものは、悪しき心理主義だと私は言いたいのです。心のもちようで飴細工《あめざいく》のように幸せになったり不幸になったりするほど、人間性や人間世界は生やさしいものではないと思うからです。

外を変えようと思っても火宅無常の世界、自分の内側に平和を見出そうと思っても煩悩具足の凡夫。畢竟、世間は虚仮なのです。このことがまさにその通りですね、とうなずかれるのは、「ただ念仏のみぞまことにておはします」ということがすなおにうなずけたときであります。「世間虚仮　唯仏是真」世間虚仮と唯仏是真は表裏一体になっている。「煩悩具足の凡夫、火宅無常の世界は、よろづのことみなもてそらごとたわごと、まことあることなきに」という自己認識・世界認識と、「ただ念仏のみぞまことにておはします」という認識は裏表になっております。

そういうことを鮮やかに具体的に示してくださったのは、いろいろ仏教の教えもありますけれども、やはり私にとっては法然上人、続いて親鸞聖人、さらに蓮如上人と続いた、まさにこの浄土真宗の流れであります。私もこの流れのなかで育てられはぐくまれて、その真実に気づかせてもらったようなわけであります。

聖徳太子や親鸞聖人が、ちょっと聞いたところでは合点がいかないような言葉を御持言になさりながら、人間としてすばらしい、もしくはたくましい生き方を示されたのは、「唯仏是真」「念仏のみぞまことにておはします」と、動かない変わらない真実なるものにしっかり根を下ろして生きてこられたからにちがいないと、いままでは実感を込めてお味わいするわけであります。

聖徳太子と親鸞聖人

聖徳太子のお心や親鸞聖人のお心と自分の浄土真宗のみ法《のり》に遇《あ》った味わいを一つにするというのは、あまりにおこがましいかもしれませんが、私の実感としまして、この「念仏のみぞまことにておはします」という体験というか、お味わいは、たとえて言えばちょうど起き上がり小法師のようなものではないかというふうに思うんです。

これは、もう三、四十年前から味わいつづけていることなんですが、起き上がり小法師《こぼし》というのは、ポッとほり出しますと安定性がないですね。グラグラ動いています。そのグラグラ動くのがおもしろいんで、われわれは投げるわけですが……。けれども起き上がり小法師というのは、投げたらグラグラしますが、絶対に倒れるということがない。最後はあるべき安定した姿勢でシャキッと立ち直りますね。それにたいして、対照的な玩具は独楽《こま》だと思うんです。正月に遊ぶあの独楽ですね。あれははじめはものすごく元気よくクルクル回っているけれども、外から加えられた力がだんだん抜けていきますと、足もとがふらついて最後は必ず倒れる玩具ですね。起き上がり小法師は、はじめは外から加えられた力によってフラフラするけれども、最後には必ずシャキッと立ち直る玩具です。

私はきっとそうだろうと思いますけれども、仏法に生きる人、お念仏を慶《よろこ》ぶ人というのは、起き上がり小法師のような人生を生きている人ではないかと思います。人間は弱いもので、どんなに頑張ってみても、力んでみても環境が変わってきたら心が揺れます。人のささいな一言にも傷ついたり悩んだり自閉的になったり、しまいには死にたくなったりするほど傷つきやすい心をもちながら私たちは生きております。実に弱いと思います。

けれども、それが煩悩具足の凡夫たる自分のありのままだとしたら、そのありのままをありのままに受け入れる心がなくてはなりませんが、心が揺れているとき、たとえば、ちょっと自分の思い通りにならないからといって、いま、ムッと腹を立てている自分がいるだろうが、それが煩悩具足の凡夫、お前の本当の姿だよとささやいてくださる仏さまの声に耳を傾けると、スッとそのまま受け入れられる。

だから、環境が変わったり、私のように四十が過ぎて五十が過ぎ六十が過ぎて、どんどん歳を取ってまいりますと、それぞれの環境やその年その年によりまして、ものの見え方が変わってきたり、心が揺らいだり、新たな不安が起こってきたりしますが、ちょうどそれは起き上がり小法師が人に加えられた力によってヒョロヒョロしているのと同じではないか。だから、悩みながら苦しみながら傷つきながら生きていく、死ぬまでそうだと思いますけれども、いやいや死ぬ間際だってどんなに憐れな死に方をするかもしれませんが、それでもいいじゃないのと言って落ち着いておれるようなそういう安定感、安心感が恵まれている。グラグラしているようだけれども、絶対倒れない安定性をもっている。これが起き上がり小法師だと思います。

その起き上がり小法師の安定性はどこから来るかというと、仕掛けは底にある鉛《なまり》にあります。さらに言うならば、その鉛に万有引力という誰も曲げることのできない宇宙の法則がはたらいているのです。そのように、南無阿弥陀仏、「念仏のみぞまことにておはします」ということと一つで生きされる人生は、仏さまの願力、大願業力《だいがんごうりき》という大きな大きな力によるものであるということが実感としてよくよく味わわせてもらえるのです。

いまここに、生きてきた六十五年の人生を振り返るとき、私は何ひとつとして社会のため、人さまのために役に立つことはできなかったな、いろいろやってきたつもりだが、何ひとつとして独自に誇れるものはなかったなという挫折感を禁じえません。ただわが身の内の深みからますます輝きを増してくるのは、「世間虚仮　唯仏是真」というお法《みのり》であります。このお言葉、親鸞聖人の『歎異抄』のあのお言葉のみが変わらぬ真実として私の体の中に光輝き、力となって満ち溢れてくださるのを覚えます。そして、もし私の残された人生において、自信と喜びをもって努めさせていただける使命があるとすれば、それは、「唯仏是真」というたしかな世界に住む喜びを分かち合うことよりほかにはないと思うのであります。

天にも地にも我ひとり

お釈迦さまの花祭り

四月といいますと私たち仏教徒はすぐ、お釈迦さまの花祭りのことが頭に浮かびます。日本は仏教徒と言われながら、十二月のクリスマスは非常に賑《にぎ》わいますけれども、四月に花祭りというお釈迦さまの誕生をお祝いする大事な行事があるということは、忘れられがちではないかと思います。その点かえってアメリカの仏教徒の人たちのほうが花祭りを大事にお祝いするようであります。

花祭りといいますと、花御堂《はなみどう》のなかの誕生仏に甘茶をかけるということをいたします。誕生仏とはお釈迦さまのお生まれになったときのお姿ですね。右手で天上を指さし、左手で地を指さした姿で立っていますね。仏教系の日曜学校でしたら、全国どこでも行われていることだと思います。これは、「灌仏会《かんぶつえ》」といって歴史は非常に古く、推古天皇の時代からずっと行われている伝統のある行事なんですね。

ところで、誕生仏が右手で天上を指さし左手で地を指さしている姿、あれは何を意味するんでしょうか。日曜学校の先生でしたらこう説明なさるでしょう。

いまから二千五百年ほど前にヒマラヤ山の山麓にカピラバストゥという国があって、お釈迦さまはそこの王子さまとしてお生まれになった。小さい時の名前をゴータマ・シッダールタとおっしゃった。お母さんのマーヤ夫人は、隣りの国から来ておられたので、いよいよ生み月が近づいたとき、国へ帰ってお産をしようと思ってルンビニーという所までおいでになった。そこでひと休みされ、アソカという花を折ろうとした時にお釈迦さまがお生まれになった。お生まれになるや、四方に七歩歩んで右手で天上を指さし左手で地を指さして、『天上《てんじょう》天下《てんげ》唯我《ゆいが》独尊《どくそん》』(天にも地にも我ひとり尊し)と高らかに叫ばれた。その姿をこういう誕生仏に表してお釈迦さまの誕生をお祝いするのだ。

そうしますと、低学年の小学生は目を輝やかせて聞いています。ところが、もう小学校の五年ぐらいから上になりますと、「そんなアホな」と言います。いくらお釈迦さまがえらいにしても牛の子や犬の子ではあるまいし、生まれるなりチョコチョコ歩いて、それだけでもありえないと思うのに、生意気にも「天にも地にも我ひとり尊し」と、そんなこと言うわけがない。そこで先生がたも、ちょっと説明に困ってしまうということになるんですね。ひろさちやさんの本を読んでみましたら、お釈迦さまはお生まれになったときに七歩歩んで「天上天下唯我独尊」と叫ばれたとあるが、それは事実ではなくて、のちに生まれた人が、お釈迦さまのようなえらい人は、ただ人でないことをやったんだと思ってそういうことを言うのだろう、その程度に読めばいい、聞けばいいという意味のことを書いておられました。

また東京大学を出られた物理学者のW先生は、新しい生命倫理の確立を訴えられた本の中でこの釈尊誕生のことを引かれたのですが、ほんのひとこと、言葉というものは人間生活のなかで学びとって初めて発せられるもののはずである。いかにお釈迦さまがえらくってもそんなことがあったはずはない。まあまあ、お釈迦さまは非凡な人だからといって、のちの人がでっち上げたんだろう、という意味のことを書いておられます。

しかし「天上天下唯我独尊」と叫ばれたということをめぐって、そういう現代合理主義的解釈をして終わってしまうだけでは、言って悪いですけども、小学校五年生、六年生、中学生の認識と一流の仏教学者や物理学者の認識とは、あまり変わらないということになってしまうのではないでしょうか。そう思いますので、私はきょう、これらの先生とちがった角度から、この誕生にまつわる「天上天下唯我独尊」という言葉にはどういう意味があるかを味わってみたいと思います。

天上天下唯我独尊

まず最初に大切なことは、「史実」と「意味」とを混同しないことです。たしかに史実として、お釈迦さまがお生まれになるや七歩歩んで「天上天下唯我独尊」と叫ばれたということは信じがたいでしょう。けれども、このお釈迦さまの誕生にまつわる「天上天下唯我独尊」という言葉、あるいはそれに類する言葉がいろいろなお経に書かれているということは、また、日本だけでも推古天皇の時以来そういう行事が綿々として行われてきたということ、そこには何か意味があるのではないかと考えたらまた話が違ってきます。

仏教のお経は、いっぺんにできたのではなくして、歴史的な段階を経て徐々にできてきているんですが、古いお経のなかにはこのような事実を書いたお経はありません。ずうっと遅れてのちのお経の中にこのことが出てくるわけです。そうしますと、仏教徒たち、仏教の流れを汲んだ人たちは、釈尊誕生の意味、お釈迦さまがこの世にお出ましになったということの意味をどのように受け取ったか、それを考えてみることが大事だと思うんですね。

ところで、お釈迦さまがお生まれになって「天にも地にも我ひとり尊し」と叫ばれたという、その意味をうかがうについては、経典のなかにだいたい二つの流れがあるようです。

一つは、私は生まれ変わり死に変わりしていくような苦しみの生活には、これでピリオドを打った。生き死にをくり返して迷うという世界を離れて、もう死ぬということのない悟りの世界に達した。だから、我ひとり尊しだと、こういう意味ですね。つまり、お釈迦さまがお悟りを開かれたということが我ひとり尊しということの理由になっているというのが一つの流れです。もう一つは、私は苦しみ悩む人びとを救うためにこの世に生まれてきた、だから尊いのだと味わう流れです。

これをのちの仏弟子、仏教徒の立場から味わい直しますと、こうなるのではないでしょうか。私はたまたま人間に生まれて、縁あって仏教、仏さまの教えを聞くことができた。そして、その仏さまの教えを学んでいくうちに、それまで自分では考えてみたこともなかった「自分は何のために人間に生まれてきたのか、人間に生まれてきたことの意味はどこにあるのか」という問いを自らに問わずにおれなくなり、深く仏さまの心をたずねているうちに、「天にも地にも我ひとり尊しと高らかに叫べるような精神的な世界がありますよ。そこまで出ないと人間に生まれた甲斐がありませんよ」ということを教えてくださった、それがお釈迦さまなんだなあと気づかせていただいた。

それにつけても、そういう仏さまの教えに遇えた喜びと幸せをかみしめるときに、あらためてお釈迦さまの誕生を心からお祝いせずにはおれない。そういうお心であったんではなかろうかと私は推察をするわけです。

次に、四方に七歩歩んで、そこに立ち、「天上天下唯我独尊」と叫ばれたということの意味ですが、どのお経にも「七歩歩んで」と書いてある。三歩でも十歩でも二十歩でもなく、七歩歩んでそこに立たれた。ということは、一歩、二歩、三歩、四歩、五歩、六歩を越えたところに立たれたということですね。そこに意味があると思います。

なぜかといいますと、六という字は、「六道」を意味します。「六道」というのは、苦しみ迷う世界を、精神的に内面的にとらえたものです。苦しみの世界、迷いの世界を六つに分けているんですね。いちばん苦しいほうから言いますと、地獄《じごく》、餓鬼《がき》、畜生《ちくしょう》、修羅《しゅら》、人間《にんげん》、下から五番目に人間が出てくるんです。そして人間界の上に天上《てんじょう》界があります。この六つの世界は迷いと苦しみの世界。もうその上はないのか、というとあるんですね。天上の上に声聞《しょうもん》、縁覚《えんがく》、菩薩《ぼさつ》、仏《ぶつ》と、仏さまのお悟りの世界が四つに分けて示されております。つまり仏教では私たちの精神世界を、全部合わせて十の世界に分けて説明しています。そうすると、六歩を越えたということは六道を超えられた。つまり、迷いの世界を超えられた。迷いの世界を超えて悟りの世界に立たれたという意味になりますね。

迷いの世界というのは、どういう世界でしょうか。まず「地獄」というのは、苦しみばかりがあって楽しみはかけらもない世界です。「餓鬼」というのは精神的に飢えた心の状態、心の貧しさゆえに不満に満ちている精神世界です。つまりどんなに周りの人が親切にしてくれても、ものが豊かに恵まれていても、自分の身のなかに喜び感謝し満ち足りるという気持ちがない。満足できない。だから親切であたたかな人たちに取りまかれ、周りに豊かなお金やものがあふれているということと、その人の精神的な世界が豊かであるか貧しいかということは別だと思います。「畜生」これは簡単に言えば動物の世界です。自由に生きているようだけれども弱肉強食におびえ、人間に飼育されては束縛されて本当の自由ということのない世界です。強者におびやかされてほんとうの精神的な自由を失っている。それを畜生道という形で表していると見られないでしょうか。

「修羅」というのは、殺意に満ち、あるいは必死になって相手を倒そうとしている、闘争心に満ちているような心の状態でしょう。プロレスで乱闘状態になったとき、「リング上はまさに修羅場です」といったり、戦場を「修羅の巷《ちまた》と化した」などと形容しますね。

そして「人間」です。人間界というのは楽しい時もあるけれども、苦しい時もある。静かな時もあるけれども、動転している時もあるという、そういう定まらない境界です。また、人間という言葉が表すように人間は、人と人との間に生きる、お互いに関係のなかでもちつもたれつしてしか生きはいけない。そういう存在です。これは、私たち人間ですからよくわかることだと思います。その人間の状態の上にある「天上」とは、心の安らかな世界、平穏無事の世界を表しているのだと思います。この六つのどこかに収まってしまうわけです。

けれども、この六道が迷いであるということは、どのところでも安定することができずに、次々と心のありようを変えて迷い苦しんでいき、そこから出られない。それを「流転《るてん》の苦《く》」と言います。ある時は闘争心に満ちているかと思ったら、ある時は安らかな気持ちになる。安らかな気持ちが続いているかと思ったら目の前に欲しいものが表れると突然欲望の固《かた》まりになってくる。それが満たされないと腹が立ってきて餓鬼のようになる。というようなわけで、私たちの精神的な世界は、しょっちゅう、そういう不安定な状態でいるわけですね。そういうのが迷いの世界の姿です。

お釈迦さまがこの世に誕生されてながい修行ののち、釈迦牟尼仏《しゃかむにぶつ》に成られたということは六つの迷いの世界を超えて悟りの世界に入られたということですね。そして仏教という教えを説かれたということは、世の人びとに、迷いから悟りの世界にいたる道があることを高らかに示されたということであります。お釈迦さまがお生まれになるや七歩歩んでそこに立ち、「天上天下唯我独尊」と叫ばれたというお話のなかから、そういう深い意味を汲み取ることができるのではないかと思います。

そうしますと、私たちはどんな方法でもいいですから「天上天下唯我独尊」と心の底から叫べるような、そういう精神世界を求める必要があるのではないでしょうか。

お釈迦さまの悟りの内容

誕生仏に甘茶をかけますね。甘茶というのは「甘露」です。お釈迦さまが誕生なさると天から甘露の雨が降り注いだと言われています。「甘露」というのは、サンスクリットの「アムリタ」（amṛta）を漢訳した言葉です。mṛta というのは「死」、a というのはその否定語ですから、「不死」ということですね。この amṛta という言葉をまた「甘露」とも訳して、それがいつしか「甘茶」になってしまったんですね。

私たちは生まれた以上必ず死ななくてはならないという限界状況のなかにありながら、ふだんは死ぬということはすっかり忘れて生きています。とくにみなさんのように若さと健康を誇る時代には死ぬということは考えないでしょうけれども、考えることを避けていても必ず死はやって来ます。というよりも、必ず死ななければならないことはわかっているが、当面、死からは目をそらし避けて生きていると表現したほうが、実態に近いかもしれません。

しかし死を避けているということは、死に脅やかされているということになりますね。

つまり、死に脅やかされ、死の不安を掩《おお》いかくしながら楽しもうとする人生というのは、徹底した喜びと自信をもって積極的に生きる人生とはだいぶちがうと思いますね。お釈迦さまが悟りを開かれたということは、「不死の世界がありますよ、生きる死ぬるということを超えた、世界がありますよ」ということを、私たちに明らかにしてくださったのだと思います。

七歩歩んで高らかに「天上天下唯我独尊」と叫ばれたというお話にしましても、まったく後世の伝記作者のでっち上げかというとそうではないんです。お釈迦さまは悟りを開かれた後、仏弟子たちにみずから自分の若かったときのことや、悟りを開かれた前後の心境などについていろいろと語られたことが、かなり古い経典に残っています。ですから、のちの人もそういう記述にもとづいて言われたのであって、まったくのでっち上げをしたわけではないと思われます。たとえば、悟りを開く前のことを回想して、お釈迦さまはこうおっしゃっています。

私はずいぶん恵まれた幸せな青春時代を送った。私の家の庭園には素晴しい蓮池があって、年中青い蓮、赤い蓮、白い蓮、黄色い蓮が香しい匂いを漂わせていた。父親は、私に不愉快な思いをさせまいと思って御殿を三つ造ってくれた。寒い時には暖かい御殿、暑い時には涼しい御殿、そして普通の時の御殿と三時殿である。それできわめて快適な生活を送ることができた。乞食《こつじき》に来た比丘たちに布施をするとき、他の家では粗末な糠《ぬか》のようなものを与えていたけれども、私の家ではおいしいものを与えていた。私の身につけるものは、カーシー産の（いまで言ったら上等舶来のといったところでしょうか）非常に肌触りのいい布であった。それほど衣・食・住は豊かに恵まれた幸せな生活であった。

けれども、私は思った。私は老人を見れば嫌な感じがする。なぜかというと私は若い、年寄りは醜い。嫌だ。けれども、人間として生まれてきた以上、長い命を恵まれたら私も同じように老いゆくのではないか。それなのに老人を差別するというような心は、人間としてあるべきではないと私は思った。私は病人を見たとき、非常に嫌な感じがした。けれども、生身の身体をもって生きていく以上、いつどこで病まなければならないかもしれない。今日は健康だけれども明日病気にならないとは限らない。そういう意味では私も同じではないか。それなのに私は健康を誇って病人を蔑《さげす》む心がある。差別の心がある。これは人間としてふさわしくないと思った。さらに人間は死んでいかなくてはならない。私は死を忘れて生きているけれども、人間として生まれた以上、死を免れることはできない。免れることができないことを忘れ去ろうとすることは、これも道理に合わないことだ。そういうふうに考えると、どんなに豊かな幸せな環境のなかで生きていても、この人間として生まれた根本の問題を解決しないかぎり、人間としての心の安らぎはないのだと思った。それで、私は親を悲しませたかもしれないけれども、親を捨て、妻を捨て、子を捨て、城を捨て、身分を捨てて出家したのだ。

と、そのように出家の動機を語っていらっしゃいます。私たちはみんな豊かな生活をしたいと思って、それぞれ頑張っているわけですね。大学へ来て経済学、経営学、法学等を勉強しようと思うのも、いい所へ就職したいと思うのも、できるだけ物にも金にも恵まれた社会生活をしたいと願えばこそですね。けれども、ゴータマ・シッダールタは青春時代からすでにそういうようなものはたっぷり満たされていた。われわれ凡人だったら、もうそれで満足して安閑と生きるであろうに、ゴータマ・シッダールタはそういうところに安住せず、もっと人生を深く見ていかれた、そこがやはり非凡であったんだと思います。ひと口で言うと生きる死ぬを超えた「不死の世界」を求めることが、青年ゴータマ・シッダールタの課題だったと思いますね。

お釈迦さまは三十五歳のときに、菩提樹の樹の下で悟りを開かれました。察するに、それはいままで体験したことのないまったく新たな精神的な世界が心のなかに開けてきたんだろうと思いますね。一人じっと座って、その素晴しい悟りの世界をかみしめ味わっておられましたけれども、やがて心のなかに迷いが起こってきます。

　このようにして一人で悟りの楽しみに浸っていていいんだろうか。要するところ、それはひとつのエゴイズムでしかないのではないか。立ち上がって世の中の人のためにその法を説くべきではないかという声が内面でささやいた。と同時に、もう一方ではそれはやめたほうがよかろうという声もする。

　いままでに経験したことのない、世を超えたこの悟りの世界は常識的な考えで生きている世間の人に説いてみてもわかるはずはない。かえって誤解を招くだけだ。人を迷わすだけだ。何も頼まれないことをしないで、自分ひとり楽しんでおればいいではないかという声のささやきがあって、お釈迦さまは悟られたのち、ずいぶん悩まれます。そのあげく、やはりこの悟りの世界は人びとに伝えなければならないと決断して立ち上がられます。そのときの心境を蓮に託して示された非常にきれいなお言葉が経典にあります。

　蓮池に蓮が生じるとき、水中で止まっている蓮もあるだろう。水面まで顔を出している蓮もあるだろう。あるいは水上高く茎を伸ばして、葉を開き、花を咲かせている蓮もあるだろう。蓮といってもいろいろであるように、世間の人びとといっても私の話を聞いてまったくわからない人もいるだろう。私の話を聞いて理解してくれる人もいるだろう。私の話を聞きたがっている人もいるだろう。そうだとすると、世間の人は理解しないだろうと

決めつけないで、縁のある人に、とにかく私はこの悟りの道を説こう。そう思って座を立ち上がられるわけですね。そして、

甘露の門は開かれた。耳ある者は聞け。過去の信を捨てよ。私がいままで説法をためらっていたのは、甚深微妙《じんじんみみょう》の悟りの世界を説くことによってみんなをかえって惑わせるのではないかと案じたからである。

というのがそのときのお釈迦さまの心境でありました。説法を始められるにあたって、聞き手に「過去の信を捨てよ」、いままでもっている信念を捨てなさいと要求しておられるところに注目したいと思います。私たちはだれでも、それぞれに心の中に思い固めた信念みたいなものをもっていまして、仏の教えを聞いても、その信念に合うものだけは受け入れるけれども、その信念そのものを打ち破るような広大な世界はなかなか受けつけない傾向があります。ところが悟りの世界を説いた仏の教えは、私たちの頭や心ですんなり理解できるようなものではなくて、むしろ狭く凝り固まった私たちの考えや信念を打ち砕くような、そういう大きなはたらきをもっているのだということを、「過去の信を捨てよ」という言葉は示していると思います。

ところでお釈迦さまが悟りを開かれて最初に出遇われたのがウパーカという人です。この人は邪命《じゃみょう》外道《げどう》の修行者でしたけども、お釈迦さまの顔が輝やいている、それに魅かれ

て「あなたはどういう修行者ですか。何を求めて修行なさったんですか。あなたの先生はどういう先生ですか。何かあなたのお顔を見ていると素晴しいことがあったように思いますけれども」と聞きました。

これにたいして、お釈迦さまは「私には誰も師はいない。私は一人でこの悟りを開いたのだ。いまや私を妨《さまた》げるなにものもない。私は一切智者だ」というふうに答えておられるんですね。これでお釈迦さまは、悟りを開かれた直後に、すでに「天上天下唯我独尊」という心境を吐露しておられることがわかります。けれども、残念ながらウパーカは、この意味がまったくわからなかったので「フーン、そういうことがあるのかもしれませんね」と首を振り振り道を外れていったというのですね。つまり、高邁なお釈迦さまの悟りの世界を受けつけるだけの素養が、ウパーカにはなかったということになりますね。とにかく「天上天下唯我独尊」というのは、お釈迦さまが悟りを開かれた直後の心境でもあったということを私は申し上げたいわけです。

現代の医療問題

さて、こんにち、人間の「いのち」をめぐって、これまでの価値観が根本から問われている時代になってきました。たとえば、生活が改善され、延命技術が発達したおかげで、平均寿命が大幅にのび、総じてみんなが長生きする時代になりました。長生きするということは死を遠ざけるということ。いままで平均寿命五十歳だったのが平均寿命八十歳になったということは、平均して三十年間死を遠ざけた、延期したということですね。しかしただそれだけのことであって、個々の人間がすべて三十年の延命を保証されたわけでもなく、またそれは人間が死を解決したということでは決してない。死ななくなったわけでもありません。

不死の世界を知ったということ、死を超えて真実に生きるということとは、話はぜんぜん別問題なんですね。延命医療の進歩ということは、人知によって開発した技術によって、人間の自然死を引きのばすことですから、これから、自立して生きる力のない障害者や高齢者がどんどん生み出されてくるでしょう。避けられない死と向き合いながら生きていかざるをえないガン患者や慢性病患者の数もふえていくにちがいありません。

そういう中身をもった高齢化社会において、あらためて、いったい人間に生まれた本当の意義はどこにあるのだろう。どのように生きることが本当に幸せなのだろうかという、人間の「いのち」にかかわる根本についての問題が露呈してきている感じがあります。私はそれにたいする明快な解答を二千年も前にお釈迦さまがはっきり出しておいでになると思う。それを象徴するのが「天にも地にも我ひとり尊し」という言葉であろうと思います。

私たちは一人ひとりが、「天にも地にも我ひとり尊し」と心底より叫べるような境地を内面に開くこと、それこそが人間に生まれた大きな意義であると思うのであります。

親鸞聖人の心境

たいへん飛躍するようですが、最後に親鸞聖人はお釈迦さまのお心をどう受け継がれたかということに触れておきたいと思います。

お釈迦さまが長いご修行の末、菩提樹の下で「天にも地にも我ひとり尊し」と叫べるような悟りの境地に達せられたということはわかったとしても、遠く時代をへだてたこの忙しい現代社会に生きる私たちが、そういう世界に到達できる道はあるのだろうか。そういう疑問が当然わいてくると思います。

『歎異抄』第七条に示された親鸞聖人のお言葉が、その一つの答えとうかがうことができます。それはまず、「念仏者は無碍《むげ》の一道なり」という言葉で始まります。「無碍」は「障害物がない」「何ものにも邪魔されない」ということ。もっと現代的に積極的に表現すれば、「絶対的自由」ということです。念仏を信じ、念仏を称《とな》えて生きる者の世界というのは絶対的自由の世界であるというのです。なぜかというと、「天神《てんじん》・地祇《ちぎ》も敬伏《きょうぶく》し、魔《ま》界《かい》・外道《げどう》も障碍《しょうげ》することなし」と。「天神・地祇」というのは、「天の神さま、地の神さま」

です。天地の神々も念仏を信じて生きる者には敬伏する。敬《うやま》い伏するというんですね。ふつう信心というのは、われわれ人間が神さまを拝んだり頼ったりすることだと考えられていますが、念仏の信心はそうではなくて、天の神々、地の神々が南無阿弥陀仏を信じ生きるこの私を拝んでくださる。

「魔界・外道」とは、「魔の世界、外《ほか》のいろんな思想」ということです。どんな悪魔もいかなる他の思想もこの念仏者の絶対的自由の世界を妨げることはできないのだというのが、『歎異抄』第七条の趣旨、すなわち、ただ南無阿弥陀仏の心ひとすじに生きられた親鸞聖人のすっきりした心境表明とうかがうことができます。

とするならば、この心境はただちに「天にも地にも我ひとり尊し」という、お釈迦さまの心境に通じているのではないでしょうか。深淵な独立自尊の自覚、何ものにもさえぎられない絶対的自由の開放感において、親鸞聖人の念仏の信心は、釈尊の悟りを正しく継承していることに、私は深い感動を覚えずにはいられないのであります。

皆さんは、この講堂に入られたときに異様な感じがしたのではないでしょうか。正面に「南無阿弥陀仏」という文字が彫りこまれてあるだけで、それをみんなが拝むわけですからね。「南無阿弥陀仏」というのは、龍谷大学に入られた皆さんに心底ふかく呼びかける一つの「公案」だと思います。「あなたが人間に生まれてきたのは何のためであるか」と問いかけ、「それは南無阿弥陀仏の心を知るために生まれてきたのだよ。それを解くために龍谷大学に学んでいるんだよ」と呼びかけているんだと思います。

いろいろお話をしてきましたけれども、お釈迦さまのお悟りの世界というのは、人間の本当の尊さはどこにあるのかということを明らかにしてくれたということ。それをわれわれにでも実現できる形で明らかにしてくださったのは親鸞聖人だということを申し上げたかったのです。人間は人として尊ばれるという「人間尊重」の精神は、これからの大学生活においてくり返しくり返し学習されることと思いますけれども、何ゆえ、どうすれば本当に人間の尊さが実現できるのかという問いをもうひとつ深く掘り下げていくと、どうしてもお釈迦さまが示してくださった世界に思いいたらざるをえないというのが私のいつわらざる気持ちなのであります。

釈迦の仏教と親鸞の仏教

ゴータマ・ブッダをどう見るか

きょうは非常にお天気に恵まれた開校記念日、降誕会《ごうたんえ》法要になりました。親鸞聖人のお誕生をお祝いするその日に、龍谷大学の開校の日とするということの意義を、このごろしみじみと味わいながらきておりますので、そのへんのところを少し聞いていただこうかと思います。

『浄土和讃』と『高僧和讃』と、親鸞聖人は浄土真宗のお心を和讃という形でやわらげてお歌いになりましたけども、最後に『正像末和讃』を作られた。その冒頭にあげられたのが次のご和讃であります。

釈迦如来かくれましまして
二千余年になりたまふ

正像の二時はをはりにき
如来の遺弟《ゆいてい》悲泣《ひきゅう》せよ

「悲泣せよ」というのは、悲しんで泣けと言われる。ここに親鸞聖人の釈尊観、親鸞聖人はお釈迦さまをどう見られたかという釈尊の見方が表れていると思います。

まず「釈迦如来かくれましまして」、お釈迦さまのことを「釈迦如来」と言っています。「如来」というのは「仏」というのと同じ意味でありますが、表現の仕方から申しますと、「如来」というのは、真如から来られたかた、「真如」というのは真実ということでありますから、「仏」は真実の世界から私たちのこの人間世界に来たり給うたおかたということであります。ですから釈迦牟尼仏でもいいし、釈迦如来でもいいわけですけれども、とにかく釈迦というふうに呼び捨てにはしておられません。「釈迦如来」とまず言っておられます。

最近どんどん学問も発展してまいりまして、仏教を研究する学問も非常に進みました。仏教学の進展ぶりは目を見張るばかりであります。その新しい仏教研究の発展とともに明らかになってきているお釈迦さまは、釈迦如来ではなくて、人間ゴータマ・ブッダであります。人間に引きつけよう、人間として見ようという、人間主義的な見方で釈迦を見ていこうとする。その結果、釈尊の人間的な側面が非常にリアルに明らかになってきている。

これはありがたいことだと思うわけであります。

講談社から『人類の遺産』という八十巻の、古今東西の思想家、哲学者等の思想を一冊ずつにまとめた全集の中に『ゴータマ・ブッダ』という一冊があります。つまり釈迦如来は偉人全集の一冊に収まってしまったのであります。そういうとらえ方になっていると思うわけですね。

そしてそのゴータマ・ブッダのどこに関心を示すかというと、思想であります。親鸞聖人もいろいろ問題にされますけど、親鸞の思想ということが問題にされる時代になっていると思います。けれども、お釈迦さまの思想はお釈迦さまの悟りの体験、悟りの自覚を表したものです。仏教は悟り、目覚《めざ》めが根本になっております。

よく言われますように、仏教は目覚めの宗教であります。人間が一人ひとり真実に目覚める、究極的な真実に目覚めることを教える宗教だと思います。そういうことをこの地球上に現れた人間の中で最初にやり遂げてくださったおかたがゴータマ・ブッダ。迷っていたゴータマ・シッダールタという人間が仏陀、「目覚めたかた」になられたので、ゴータマ・ブッダと言うわけであります。

生老病死の苦しみに悩むゴータマ・シッダールタが、菩提樹の木の下で瞑想を徹底することによって初めて悟りを開かれた。そこから仏教が興ってきているということはまちがいのない歴史的事実であります。ですからそういう人間釈迦をもっとよく知りたいという気持ちが起こるのは当然でありますし、また、そういうことが明らかになった現代に生きている私たちは非常に幸せだと思います。

けれども釈迦を「人間釈迦」と見るだけでよいか、「釈迦如来」と仰ぐ立場とどう違うかについては、よくよく考えてみなければなりません。八百年前の親鸞聖人の時代は、いまのようにサンスクリットやパーリ語やチベット語訳というような豊富な経典があったわけではないし、いま考えられるような仏教学という点から言ったら仏教研究の資料も乏しかったかもしれませんけれども、親鸞聖人の釈尊を見る見方は、現代の私たちの見方とは違う深さがあったと思います。

お釈迦さまは八十歳で亡くなられたわけですが、人間釈迦が死んでしまったというのではありません。「釈迦如来かくれましまして」とおっしゃる。お亡くなりになったことを「かくれましまして」というのは、最上の敬意を払っているわけですね。さらに「二千余年になりたまふ」。時が経ったというところにまで「なりたまふ」という敬語を使っておられます。そして正像の二時は終わってしまった。だから「如来の遺弟悲泣せよ」、ここですね。釈迦如来の教えを受け継ぐ遺弟――残されたお弟子ということでありますが――お釈迦さまの精神をいただこう、仏教の精神に生きようと思っている者は、正像の二時は終わってしまったので泣かずにはおれないではないか。「悲泣せよ」とはどんな気持ちでしょうか。何がそんなに悲しいんだろうかというと、正像の二時が終わってしまったということであります。

仏教の末法史観

親鸞聖人の当時の仏教の歴史の見方は末法史観です。まずお釈迦さまがいらっしゃって、お釈迦さまの教えを直接受けることができて、お釈迦さまが亡くなられても、その人格的な影響があって、お釈迦さまの教えの通りにその教えを守り、その教えの通りに修行するのが「教」と「行」。そしてその修行がまっとうできると、お釈迦さまと同じような悟りが開けるというのが「証」。

「教」と「行」と「証」とが揃っていたようなけっこうな時代を「正法の時代」という。ところがその時代が過ぎてしまいますと、確かにいろいろ経典、仏さまの教えを編集したお経は整備されてくる。そしてその教えにもとづいて修行をする。とくに出家してひたすら仏道修行をするという熱心な仏教者がたくさんおられたころ、「教」と「行」とが揃っている時代。

しかし、残念なことに、悟りと口では簡単に言うけれども、お釈迦さまが目指されたような悟りというものは、ちょっとやそっとの生やさしい修行では到達できる境地ではないから、修行はまじめにやるんだけれども、なかなか初期の目的を達成することはできない。つまり「教」と「行」とはあっても「証」の欠ける時代を「像法《ぞうぼう》の時代」というわけであります。証が得られた時代は、まさしく仏法そのものが生きていた。けれども、証、悟り、目覚めと言葉では簡単に言えますが、体得は至難です。出家の形は守って目覚めにいたるための修行はやっているけれども、目覚めそのもの、悟りそのものがなかなか得られないという時代が、「像法の時代」であります。

さらにその時代が過ぎますと、今度は「末法の時代」になっていく。仏道に専念する親鸞聖人前後の仏教徒たちにとって、いまやわれわれの世は末法の時代になってしまったという悲しみは痛切でした。仏道をまじめに求めようとすればするほど、「正法の時代」、「像法の時代」が過ぎてしまって、「教」「行」「証」の三つある中の教えだけは残っている。教えだけが残って読むこともできる、研究することもできるけれども、ただそれまで。教えられた通りに修行をまともにする人は少なくなっているし、しているように見えていても、まっとうな修行にはなっていない。

いやもっと言うと、出家をして仏道修行するなど、とてもできないような、大地にへばりついて生活をしていかざるをえないような人たちがわんさかと溢れてくるような時代、これは末法であります。濁《にご》りに濁っているという意味で「末法五濁の世となりて」というふうにもおっしゃっています。

そういう時代に生まれた者は、仏弟子としていま申し上げたようなお釈迦さまの仏教、「教」と「行」と「証」の三つがそろった生き生きとした仏教を求めて、仏道を歩もうとするけれども、その道をまっとうすることができないという悲しみが深かったのであります。

その悲しみはお釈迦さまの指し示された真実のお悟りをまっしぐらに身をかけて実践するという姿勢から生まれています。そういう姿勢は親鸞聖人ばかりでなく、鎌倉時代の祖師がたの生き方に共通しております。われわれはいろんな文献情報にさらされておりますから、あれも読み、これも読み、こういう研究もある、ああいう研究もあるという形で仏教の知識をたくわえ、釈尊伝を理解していく。そういう仏教の理解の仕方とは質的に違うように思うわけであります。そこのところをまず私は注意したいと思うのです。

経典が図書館に入る

さて、『正像末和讃』を順番に読んでいきますと、親鸞聖人は恐ろしいまでに思いきったことを言っているんですね。お釈迦さまのその教えを、「釈迦の遺教《ゆいきょう》」と表現しておいでになる。遺というのは遺言の遺ですね。遺教とか遺法という言葉で表して、「釈迦の遺法はことごとく龍宮に入ってしまった、ただ弥陀の本願だけがいまさかんである」という言い方をなさっているわけですね。龍宮というのは、八大龍王のお城だとか何だとかよくわからぬ説がいろいろありますが、そういうことよりも、ある仏教学の先生が、これは要するに仏教のお経が大学の図書館に入ってしまったということだと書かれているのを読んで、なんとうまいことを言われるなあと私は感心したわけです。

生きている仏教というのは、その時代時代に生きている人の心に本当の目覚めを呼び起こす。教えが生きてはたらいて、その時代に生きる人のなかに救われたという体験をどんどん実現させていく。そういうのが生きている仏教というわけでありますが、そういう生きた仏教を言葉で表してお経ができ、芸術的に表現して仏像・仏画ができるというふうにいろんな形をとったものができてきますと、そういうものが次第に整備されて、『大蔵経』になり、お経全集になり、どんどん図書館に入っていきます。それから仏像・仏画は博物館に入りますね。そうしますと、昔は崇高な礼拝の対象であった仏像も、ガラス越しに観賞の対象になってしまう。こういう時代は、たとえば親鸞聖人のお心をいただいていまの時代を見ますと、まさしく末法の時代になったと思わずにはおれないわけであります。

どんなお経もそこに書かれている教えはすばらしい。だから親鸞聖人が、仏さまの教えにたいしてけちをつけたり、さげすんだりするところはどこにもありません。たとえば『歎異抄』第十二章にも示されていますように、親鸞聖人は、念仏の教えと念仏以外の聖道仏教の教えとを比較して、われわれの教えこそ正しいんだと言って言い争いをすることがあったときに、そういう言い争いはすべきではないと言っておられます。どんな教えであろうと、その教えの通りに修行をして生死を離れて悟りを開くことができればいいわけだから、そういうふうに言い争いをするのはいけないとおっしゃっていますから、教えそのものは尊いわけであります。

けれども、残念ながら自分はその教えに説かれたように行ずることができない。行ずることができないから、悟ることができないとおっしゃるわけです。そういう仏教の理想実現が困難になった時代を「末法五濁の世」と言うわけで、まさしく私はそういう時代に生きているという親鸞聖人の悲しみが『正像末和讃』の冒頭の和讃の心かと思います。

釈迦仏教の全面否定

鎌倉時代というのは、時代精神の宗教的深さという点から見て、日本の宗教史上特筆すべき時代でありました。法然上人や親鸞聖人のような浄土念仏が新しく興ってきたばかりでなく、これに対して、伝統仏教の立場から本当に許しがたいと言って厳しく批判をした笠置の解脱上人明恵《みょうえ》にいたしましても、和歌山の海岸で足を海につけながら、この海がずっと遠く続くところ、この南の果てにお釈迦さまのいらしたインドがあると言って、ハラハラ涙を流されたということが言い伝えられておりますように、釈迦如来に寄せる思いは痛切であったようであります。

「生死の苦しみのなかに生きながら生死を超える世界があるぞ、その世界を求めよ」ということを教えてくださった釈迦如来に対する崇敬の思いというものは、何宗であれ、どの門であれ、鎌倉時代の祖師たちに共通していたと思います。現代はそういう思いは薄らいで本当に「末法五濁」の時代になったと思うわけであります。

確かに人間釈迦は、わかりやすく親しみやすいというところがあります。仏教経典は、徐々にできてきたもののようでありまして、『スッタニパータ』とか『ダンマパダ』（『法句経』）とかもっとも古い経典は、むずかしい言葉を使わず、平易な日常語で、短かくわかりやすく説いておられるので親しみやすい。しかも入手にとくべつ苦労しなくても、文庫本でたやすく読める。そういう時代になっておりますことは、それはそれでありがたいわけであります。

だから、仏教が西洋世界に入っていくときに、釈迦の仏教はわかりやすく魅力がある。不立文字を言う禅の教えもわかりやすく近づきやすいけれども、浄土の教えや浄土真宗の阿弥陀仏というのは、正しく理解されにくいのではないかと思います。この教えは要するところキリスト教、一神教とあまり変わらないのではないかというふうにとられがちです。さらに言うならば、浄土教、浄土真宗というのははたしてお釈迦さまの精神をまっとうに継いでいる仏教と言えるのか、という疑問すら提起される時代になっているわけですね。そういう疑問にたいして宗教学的、仏教学的にきちんと答えるのは並大抵のことではないと思いますが、いまの親鸞聖人の『正像末和讃』に表れたお心からいただきますと、釈迦の遺法はことごとく龍宮に入ってしまって、弥陀の本願のみが盛んになり広まっているというとらえ方でありますね。これはまあ言えば、釈迦仏教の全面的否定で、恐るべきことだと思います。

法然上人が念仏の教えを説いた。お念仏の前には老若男女一切の差別はないのだと。弥陀の本願にはそういう差別はない、みんな等しく念仏を称え、念仏を信じて救われるという道を説かれたために、鎌倉時代の民衆は階級や男女も老若をも超えて法然上人のところへ集まってきたわけです。そして念仏に遇う慶びをみんながたがいに確かめ合い、念仏の声が京洛に響きわたるようになった。

そのときに、何がどう悪いから仏教界や政治権力者がこれを弾圧したのかということを考えますと、それは聖道仏教の全面否定をしたからだと思います。仏教というのは、本来は出家仏教なのだ。出家をしてまともに修行をしなければ悟りを得ることができないのだというのが、私は釈迦仏教の根本的性格だと思います。だからその性格に従ってみんな出家をして、比叡山に上り、高野山に上り、禅堂に入って修行したわけであります。親鸞聖人もはじめその道を歩んだけれども、それを捨てた人ですね。そこに他の僧たちとの決定的な違いが出てきていると思うのであります。

お釈迦さまの仏教を知ろうと思って、先ほど言った原始経典を読ませていただきますと、やはりたとえば四諦八正道の教えにいたしましても、中道の教えにいたしましても、最後には、八正道、中道という仏道実践をすることによって涅槃にいたることができることになっているわけで、やっぱり修行、実践ということが絶対大事だと思うんですね。そのまっとうな実践をするための生活形態として出家ということがあるわけで、お釈迦さまもはじめは在家だったけれども、出家をなさったわけです。

ですから古い経典を丹念に見ていきますと、やっぱり出家向きの御教えであって、一般の在家にたいしては、またちょっと違った教えを説いておられますね。どういう教えかといいますと、まず布施をしなさい。一般の在家の人は物惜しみはいけませんよ。布施をしなさい。そして、殺すな、盗むな、男女関係を清くせよ。嘘をつくな、人間の精神を錯乱させるような深酒をするなと、この五つの戒律をしっかり守りなさい。そうすれば幸福な天界に生まれることができますという。これが大体在家の人にたいするお釈迦さまの説教の基本だったと私はいただいております。そういう在家向きのお説教と、それから出家の仏弟子たちに対するお説教と、二段構えになっていたように思います。

お釈迦さまの精神のなかに、生きとし生きる者をすべて救い取りたいという慈悲の心が溢れていたことは、これは疑いようがありませんけれども、時代が変わると同時に、出家仏教、出家して修行をして悟りを開くという教えだけでは救われない衆生が濫れてくる時代になってきたということであります。そういう意味で、非常におこがましい言い方でありますが、やはりお釈迦さまの仏教には限界がある。親鸞聖人は、それをはっきり、釈迦の遺法は龍宮に入ってしまった、いま生きてはたらく仏教ではないと、和讃で断言された。いま、仏法に遇おうとしたら、弥陀の本願を信ずる以外にはないのだと言いきられた。これは私は恐るべきことだと思います。

親鸞聖人が若いときから道を求め、二十九歳で法然上人に会って念仏の真意を知らされたと言うと簡単なことのようですが、幾多の弾圧にも耐え、さらに晩年には愛する信頼する長男善鸞さまを義絶しなければならないというような悲痛な体験をなさってもたじろがなかったのは、「弥陀の本願を信ずる」というたったこのこと一つにあったと私はいただくのであります。

善鸞事件

『正像末和讃』は親鸞聖人の最晩年のご和讃でありますが、そのご和讃を作られたころ、善鸞事件が起こっております。親鸞聖人は越後のご流罪からご赦免を受けて京都へ帰ろうと思ったけれども、京都へはお帰りにならずに関東にまわられ、ほぼ二十年間関東でお念仏をお広めになった。そして六十を過ぎてから京都へ帰られたわけですが、安心して任せきって、みんなが自分が教えた通りに念仏を慶んでくれていると思っていた晩年の親鸞聖人に、思いもかけない事件が起こってきた。関東の念仏者のなかにたじろぎが起こった。信心が揺ぎ始めたのです。

その背景にはおそらく鎌倉幕府という権力による干渉や弾圧にたえかねたということもあるだろうけれども、問題はそういう政治的弾圧という外圧に会うとたじろいでしまうような信仰の仕方をしていたということですね。これは大変だというので、ご長男をこの混乱を静めるために派遣なさった。ところが善鸞さんも苦労なさったのだと思いますが、親鸞聖人が仰っしゃった教えとは違った教えによって、なんとか幕府権力と妥協を図って、念仏教団の生き残りを図られたようなんですね。

ところが、こういう信仰の動揺から生じた混乱状態を正しく解決するために、聖人はいちばん頼りにしていた善鸞さまを義絶するという、思いきったことを断行なさいます。しかも歳は八十を超えているわけです。私はいま六十七歳ですけれども、もうすでに体力が衰え、気力が衰えて、何か人に任せたい、頼りたいという気持ちがさかんに起こってくる。逃げよう避けようという姿勢が出てきていることを感じます。それよりもさらに十五歳もご高齢のときでありますから、意にそわぬことが起こってももう諦めて、最愛の長男にすべてを任せて、まあいいや、若い者が何とかするだろう、何とかなるだろうというふうになっても不思議ではないのですけれども、聖人は正しい法をまもるために決然たる態度をとられた。

関東からだんだんと聞こえてくるニュースというのはどうもおかしい。だが全貌がわかってみると、他の、たとえば性信房《しょうしんぼう》というような信頼する弟子たちが理解してくれているのが私の正しい念仏であって、頼りにしていた善鸞の説き方は、間違っている。そのことをはっきり示すために、義絶、つまり父子の縁を切るという通告をなさったわけです。つまり、最晩年になっていちばん頼りたいと思う「血」を切って、念仏という「法」を立てた。真実を立てるために血を切った。これはじつに厳しいことだと思うんです。そういう厳しいことをさせる強いもの、はっきりしたものが、弥陀の本願を信ずる親鸞聖人の信心のなかにあるということの確認がいま必要ではないかと思います。

よく親鸞聖人と蓮如上人とが比較されますが、蓮如上人は蓮如上人のお考えがあり、時代性、社会性があったのでしょうけれども、かなり「血」にもたれていくというところが蓮如上人には見られます。ところが親鸞聖人にはそういうところがなかった。すさまじいと思います。

そして、勘当を言い渡して一件落着、ホッとなさった康元二年二月九日、お告げを受けられる。その夢告によるご和讃が『正像末和讃』のさらに初めのところに別に付けられておりますね。

弥陀の本願信ずべし
本願信ずるひとはみな
摂取不捨の利益にて
無上覚をばさとるなり

というお言葉を二度もくり返してありますが、草稿本によりますと、こうメモしておられる。

この和讃を夢に仰せをこふむりてうれしさにかきつけまひらせたるなり

無意識の深層から起こってくるのが夢という現象でありまして、頭の中で考えはからったことではありません。われわれの見る夢はろくでもない夢でありますがね。そういう深い層のところから、いまの和讃の言葉を聞かれたのであります。

「無上覚」というのは、無上、最上の、究極の悟りでありますから、お釈迦さまがわれわれに指し示してくださった仏教の本質、お釈迦さまの真意ということであります。そのお釈迦さまが表そうとしてくださった無上覚を悟る道は、弥陀の本願を信ずるということ以外にはないのだということが夢告という形で、善鸞事件の終わったあとの親鸞聖人の深い心の底から現れてきたということは、親鸞聖人の信心がいかに深く徹底していたか、研ぎすまされていたかを示すものとつくづく思うわけであります。

真実に生きる

親鸞聖人は「信心」という言葉を、厳密な意味で使っておられます。ところが「信心」は残念なことに別に仏教でなくても、真宗でなくても、「あんたまだ信心が足らん」とか「もうボツボツ信心せないかん」というふうに俗語として使われていますね。そういうふうに本当に質の高いものと質の低いものとがゴチャゴチャに使われている。そこへもってきて、明治以降さかんに「信仰」という言葉が使われ始めました。信じ仰ぐと。ですから現代は、信心とか信仰という言葉を使うことによって、親鸞聖人が明確に表そうとしていた深い宗教的境地がぼかされていると私は思います。いろんな人が親鸞聖人に触れ、いろんな人が信仰を問題にしますけれども、私は満足できないことが多いわけです。

最後に、実践的な意味で「信ずる」という場合に、私は二つの違った意味がゴチャゴチャに使われていると思うんです。

一つは、仏教以外の一般に使われている「信じる」ですね。宗教は信心、信仰の問題だとよく言われますが、そこで考えられている宗教は要するに人知《じんち》、人力《じんりき》を超えたものを信じる心を指しているのでしょう。そういう信心が起こってくるのは、心の不安からであります。心の底にえたいの知れない不安がある、その不安を神や仏を信じることによって取り除こうとするわけですから、そういう信心の根底は、人間の生きる不安であります。新宗教、新新宗教と次々新しい宗教が出てまいりますけれども、時間が短いのでズバリと言わせてもらえば、そのレベルを超えている真に新しい宗教が出てきているようには、私には思えません。

二番目は、一般仏教、釈迦仏教で重要視されている、「教えを信じる」という「信」であります。それはお釈迦さまが悟りへの道を教えられたから、その教えを聞いて、まず信じることが肝要とされる。聞きっぱなしで、これを信じない、疑うというのでは仏道を歩むことにはなりませんから、聞いたらそれを信じなくてはいけない。けれども、信ずるだけではダメであって、行じなければならない、実践しなくてはならない、体験しなくてはならないという意味でありますから、実践と自覚の前提条件になるような信というのが、一般仏教の信だと思うんですね。けれども、これはまだ目指す悟りが得られていない段階にあるという意味でやはり不安です。だからいま申し上げた二つの信心の根底に共通してあるのは不安だと言うことができないでしょうか。

しかし、親鸞聖人が指し示してくださった念仏の信心は、昔から「ご安心《あんじん》」と言いならわしております。人間の心は本当に安らげるものにめぐり遇わないと心が安らぐということはありません。弥陀の本願を信ずるということは、弥陀の本願が私の信心となり、念仏となって生きてくださるということでありますから、その心がそのまま大安心であります。だから浄土真宗では、むずかしい仏教の学問をした人でなくて庶民の間で「ご安心がはっきりしない」「ご安心をいただく」というふうに言っている。こういうさりげない表現で深い宗教的境地が語られてきた伝統に、私は深い感銘を覚えるとともに、ありがたく思うわけであります。

とかく情報量が多い時代になりましたので、仏教、あるいは親鸞聖人に関する知識を増やそうと思えば、どんなものでも読める、聞かせていただける時代になりましたけれども、親鸞聖人九十年の生涯を貫いたものは何であったのか。それはかつてこの大学の学長であられた星野元豊先生が、「真実を求め、真実に生きる」ということを本学の建学の精神にしようとなさったそのお心をいま思うわけであります。

その真実はどこにあるのかといったら、弥陀の本願、南無阿弥陀仏しかないのだということを形で表すために、その後、二葉憲香学長のときに、深草学舎の講堂の正面に六字の名号がかかげられました。せっかく作るんだったら金ピカのきれいな阿弥陀さんを安置したらどうかという声もあったなかで、断じてそういう常識を排して、パッと見れば、そっけないかに見えるけれども、「南無阿弥陀仏」という六字の名号だけを安置された二葉憲香学長の見識にも、私は頭が下がるわけであります。

あとがきにかえて

　本来なら、ここに西光義敞が「あとがき」を書くのでしょうが、二〇〇四年三月十九日、父はこの世の命を終えました。

　この正月には、二〇〇四年四月からはできるだけ外に出ることは控え、執筆生活をしたいという思いを語っていました。歳を重ねるに連れて深まり広がってゆく南無阿弥陀仏についての味わいや思いを書きたかったようです。一味の安心を有縁の方々とともに深めていくための具体的・実践的方法としての真宗カウンセリングについて、まとめたいということも聞きました。また、念仏の教えが世界の人びとに広がっていくためには、トランスパーソナル心理学に注目する必要があることも強く世に訴えたかったのだと思います。そんななかでも、過去に書いたものを集めた本書は、初校のためのゲラ刷りに目を通しており、比較的早く出版できると楽しみにしていました。

　私には初見の文章もいくつかありましたが、内容的には家族の日常会話のなかで、また万行寺や檀家での各種法座で、あるいは私の知っている限りにおける さまざまな集まりのなかで、何度もくり返し話していたものです。父が亡くなるまでに書きたかったであろうことのさわりには触れているのではないかという気がしています。それだけに、父の言いたかったことの要《かなめ》の部分は、本書から読みとれるのではないでしょうか。

父の住職としての宗教活動はもちろんのこと、民主主義的な生き方も、教育や社会福祉へ関心も、カウンセリングの実践やトランスパーソナル心理学への思いも、すべて念仏が根底にあったということを、いま、改めて強く感じています。父の考え方や生き方そのものが念仏から出てくるという思いを、自身でかなりストレートに出してはいるのですが、そういう場面であっても、世間一般に感じられているであろう〝仏教的な説教臭《くさ》さ〟がないというのが、父らしいと思っています。

父は、『歎異抄』のなかで、親鸞聖人が「弥陀の五劫思惟《ごこうしゆい》の願《がん》をよくよく案ずれば、ひとへに親鸞一人《しんらんいちにん》がためなり」と述べておられる部分を引いて、極めて個人的な体験であり、個人的な思いであるけれども、それが普遍性を持っているのが真宗の安心《あんじん》であるという意味のことを語ったことがあります。本書における父の文章も、父の私的な体験や思いを通して、平易に真宗信心の普遍性を語っているとも言えるのではないでしょうか。

そしていま、私は、一人の人間として仏教を体現して生きるということは、父のように生きることだと思うようになっていますし、そのように生きたいとも思っています。

本書のなかには、多くのみなさんの前で話したものを、録音を起こして文章化したものもあります。それについては、父の話しぶり、父らしさがよくでていると思いましたので、できるだけ手を入れないようにしましたことをお断りさせていただきます。

なお、本書の発行にあたり、信楽峻麿先生・加藤西郷先生より追悼文をいただきましたことに対し感謝申し上げます。さらに、法藏館社長西村七兵衛氏、また本書の企画の段階から多くの時間を割いていただきました編集者の池田顕雄氏には、たいへんお世話になりました。ここに厚くお礼申し上げます。

二〇〇四年五月十七日

西光義秀

初出一覧（＊は改題）

序

＊私の求道と回心（『第71回興福寺仏教文化講座要旨』、98年）

Ⅰ

焼いてもなくならない宝（西本願寺ラジオ放送友の会『みほとけとともに』、88年）
地球上たったひとりの仏教徒（龍谷大学宗教部『りゅうこく』第39号、86年）
もったいないは死語ですか
シネラマ（『信仰』55年11月号）
春分と彼岸会（『ひとりふたり‥』第34号、90年3月）
真宗の生死観（『同朋』88年7月号）

Ⅱ

＊仏教とはどんな教えか（百華苑、95年）
＊人間に生まれて（百華苑、91年）
＊信心とは何か（百華苑、94年）
＊カウンセリングと仏教（『第60・62回興福寺仏教文化講座要旨』、89年）
＊魂の声を聞く（龍谷大学宗教部『りゅうこくブックス』第22号、84年）

Ⅲ

＊わが仏道（龍谷大学宗教部『りゅうこくブックス』第61号、93年）
＊天にも地にもわれひとり（龍谷大学宗教部『りゅうこくブックス』第53号、91年）
＊釈迦の仏教と親鸞の仏教（龍谷大学宗教部『りゅうこくブックス』第70号、95年）

西光義敞（さいこう　ぎしょう）

1925年奈良県室生村生まれ。兵役後、1952年龍谷大学仏教学科研究科卒業。平安学園教諭を経て、1972年龍谷大学短期大学部助教授、1980年同教授、1994年定年退職。

専門は心理学（カウンセリング）・社会福祉学・仏教学。

1961年から「真宗カウンセリング研究会」を設立し、仏教とカウンセリングの接点に立った研究・研修・実践を続ける。また、浄土真宗本願寺派万行寺住職を2004年3月に往生するまで59年間勤める。

著書に『暮らしの中のカウンセリング』（有斐閣）、『青春時代の求道』（百華苑）、『カウンセリングの手引き』（本願寺出版社）、『現代を生きる仏教』（永田文昌堂）、『援助的人間関係』（共著、永田文昌堂）、『宗教とカウンセリング』（編著、永田文昌堂）、『親鸞とカウンセリング』（編著、永田文昌堂）、『トランスパーソナル心理療法入門』（共著、日本評論社）、ほか多数。

わが信心　わが仏道

二〇〇四年六月一〇日　初版第一刷発行

著　者　西光義敞
発行者　西村七兵衛
発行所　株式会社　法藏館
京都市下京区正面通烏丸東入
郵便番号　六〇〇-八一五三
電話　〇七五-三四三-〇〇三〇（編集）
〇七五-三四三-五六五六（営業）

印刷　リコーアート・製本　新日本製本
©Miyoko Saikou 2004 *Printed in Japan*
ISBN4-8318-8693-9 C0015
乱丁・落丁の場合はお取り替えいたします

親鸞とその思想	信楽峻麿著	一六〇〇円
宗教と教育　子どもの未来をひらく	加藤西郷著	二六〇〇円
いのちを生きる　法然上人と親鸞聖人のみ教え	浅井成海著	一九〇〇円
真宗入門	ケネス・タナカ著　島津恵正訳	二〇〇〇円
歎異抄講話	石田慶和著	二四〇〇円
妙好人伝の研究	菊藤明道著	八〇〇〇円
宗教と科学のあいだ	武田龍精著	二〇〇〇円
現代社会と浄土真宗	池田行信著	一六〇〇円

法　藏　館　　価格は税別